Imprimé en France par Corlet, en août 2013.
Dépôt légal : août 2013
N° d'imprimeur : 156371

PISSE TROIS GOUTTES

Le saviez-vous ?

La Terre abrite, sous la calotte polaire antarctique, un cratère de quelque 480 km de diamètre qui résulte d'un impact avec un astéroïde, il y a 250 millions d'années.

Pays qui comprennent les plus grands réseaux routiers :

1. États-Unis : 6 506 204 km
2. Chine : 3 583 715 km
3. Inde : 3 320 410 km
4. Brésil : 1 751 686 km
5. Japon : 1 203 777 km
6. Canada : 1 042 300 km
7. France : 1 027 183 km
8. Russie : 940 000 km
9. Australie : 812 972 km
10. Espagne : 681 298 km

“Je boirai du lait quand les vaches mangeront du raisin.” [Henri de Toulouse-Lautrec]

LA QUESTION DE DAME PIPI

Le saviez-vous ?

La température d'une coulée de lave est dix fois plus élevée que celle de l'eau qui bout (100 degrés Celsius). Elle peut aller jusqu'à 1 200 degrés Celsius.

LE PETIT COIN DES LISTES

Le Croissant fertile désigne une zone géographique irriguée par le Jourdain, l'Euphrate, le Tigre et le Nil. Il s'étend donc au Moyen-Orient sur des plaines alluviales riches en terres fertiles. L'agriculture néolithique y serait née.

Le terme Croissant fertile fut donné par l'archéologue James Henry Breasted, de l'Université de Chicago, car l'arc formé par les différentes zones ressemble à un croissant.

Il comprend les territoires des États actuels :

du Liban
de Chypre
du Koweït
d'Israël
de Palestine (Cisjordanie et Gaza)
des parties de la Jordanie
des parties de la Syrie
des parties de l'Irak
des parties de l'Iran
des parties de l'Égypte
et le sud-est de la Turquie

“La plus cruelle manifestation de désapprobation du public, c'est son absence. Qu'il siffle, mais qu'il vienne.” [Marcel Achard]

Le fruit miracle

Après avoir séduit les bobos new-yorkais, japonais et anglais, la miraculine débarque en Suisse. Légale en Europe, cette protéine est issue des baies d'un arbre d'Afrique de l'Est. Ce "fruit miracle" a pour effet de supprimer les sensations de l'acidité et de l'amertume pendant une demi-heure à deux heures, en déréglant les papilles gustatives.
Elle est désormais utilisée dans des fêtes pour connaître de nouvelles sensations.
On y conseille de tester les baies avec des fruits, mais aussi avec de la bière ou de la tequila. Sous l'effet de la miraculine, ces alcools deviennent… des sirops !
Du point de vue médical, la méfiance est de mise face à cette pilule. "La nature est bien faite : modifier ses perceptions sensorielles et manger n'importe quoi n'est pas conseillé."

Le rococo, baroque tardif

Mouvement artistique européen du 18e siècle, le rococo touche principalement l'architecture, mais également les arts décoratifs, la peinture et, dans une moindre mesure, la musique et la littérature. Il se développa de 1730 à 1770, principalement en Allemagne, Autriche, Bohême, Italie, Espagne, et au Portugal. Ce style rocaille fut inventé par des ornemanistes et des architectes décorateurs.

Bien qu'à ses débuts le rococo, dans la peinture, soit exclusivement décoratif, des modèles figuratifs apparaissent au fil du temps. Les peintures sont caractérisées par de nombreuses couleurs pastel et des formes incurvées. Les peintres décorent leurs tableaux d'anges chérubins et de tous les symboles de l'amour. Le portrait est aussi un style très en vogue. Certaines peintures représentent des scènes coquines et lestes pour l'époque. Cela crée une rupture avec le style baroque et ses travaux dans les églises. Les peintures évoquent souvent des scènes pastorales et des promenades de couples aristocratiques.

LES CONSEILS DE DAME PIPI

L'aneth est utilisé depuis des siècles dans diverses préparations digestives. Il a la propriété d'estomper les nausées : les graines d'aneth agissent sur les muscles lisses de l'intestin pour empêcher les spasmes intestinaux. Elles contiennent aussi du potassium, qui stimule les fonctions d'élimination du corps.
Pour une tisane, versez deux cuillerées à café de graines d'aneth par tasse d'eau bouillante, puis laissez infuser dix minutes. Ne pas dépasser trois tasses par jour. L'aneth a un effet diurétique à fortes doses. Autre solution : mâcher quelques graines d'aneth jusqu'à ce que la nausée disparaisse.

Les œuvres principales :

- *Les Fêtes vénitiennes*, Watteau
- ***Pierrot*, Watteau**
- *Le Déjeuner*, Boucher
- ***Diane sortant du bain*, Boucher**
- *Léda et le cygne*, Boucher
- ***Les Hasards heureux de l'escarpolette*, Fragonard**
- *Les Baigneuses*, Fragonard
- ***La Gimblette*, Fragonard**
- *Le Pèlerinage à l'île de Cythère*, Watteau
- ***Le Verrou*, Fragonard**
- *Le Décor intérieur de l'hôtel de Soubise*, Germain Boffrand
- ***La Jeune Fille*, Watteau**
- *Femme à la toilette*, Quentin de La Tour

LE PETIT COIN DES JEUX

Quel homme politique eut ces mots célèbres pour désigner les événements de mai 68 : "La réforme oui, la chienlit non" ?

a) Georges Pompidou (1911-1974)
b) Charles de Gaulle (1890-1970)
c) Edgar Faure (1908-1988)
d) François Mitterrand (1916-1996)
e) Jacques Chirac (1933-)

Réponse : b

Pixar

Pixar Animation Studios est une société américaine de production de films en images de synthèse. Son siège social est situé en Californie. À ce jour, le studio d'animation a remporté vingt-deux Oscars du cinéma, quatre Golden Globes et trois Grammy Awards ainsi que de nombreuses autres récompenses. La société a été rachetée par The Walt Disney Company, en 2006, et le studio est devenu une filiale de Walt Disney Pictures.
La mascotte de Pixar – une lampe de bureau – est apparue dès le premier court-métrage du studio, *Luxo Jr.* (1986).

Toy Story (1995). Le film met en scène des jouets parce que les technologies de l'époque étaient incapables de rendre correctement la texture de la peau humaine et lui donnaient un aspect de plastique.

***1001 Pattes* (1998). Les fourmis de *1001 Pattes* n'ont que quatre pattes, au lieu de six dans la réalité.**

***Toy Story 2* (1999).**

***Monstres et Cie* (2001). Les quelque trois millions de poils du monstre Sully nécessitèrent la création de nouveaux programmes informatiques.**

Le Monde de Nemo (2003). Le réalisateur Andrew Stanton a donné à un krill (un crustacé) une réplique tout droit extraite de *Sacré Graal !* et aux mouettes une allure qui les apparente aux pingouins de *Wallace et Gromit*.

***Les Indestructibles* (2004). La difficulté de créer les vêtements des personnages fait dire avec humour au réalisateur Brad Bird qu'il est "bien plus facile de faire exploser une planète en images de synthèse que de faire qu'un personnage en attrape un autre par sa chemise !".**

Cars (2006). Au début du film, on peut voir une voiture blanche qui porte le logo d'Apple. C'est une référence à Steve Jobs, un des fondateurs de Pixar et d'Apple. Cette voiture porte le numéro 84, qui est l'année de lancement du premier Macintosh.

Ratatouille **(2007). Certains traits du chef Auguste Gusteau ont été inspirés de la vie d'un véritable chef cuisinier, Bernard Loiseau.**

WALL-E (2008). Le film contient plusieurs références à *2001 : l'Odyssée de l'espace*, de Stanley Kubrick.

Là-Haut **(*Up*), 2009. Le film a été retenu pour faire l'ouverture du Festival de Cannes 2009. C'est la première fois qu'un film d'animation connaît cet honneur.**

Toy Story 3 (2010).

***Cars 2* (2011).**

Rebelle **(2012). Malgré de précédents rôles féminins forts, *Rebelle* est le premier film Pixar à avoir une femme en personnage principal. Pour la chevelure très caractéristique de Mérida, les animateurs ont créé plus de 900 modèles et de couleurs capillaires.**

LA QUESTION DE DAME PIPI

Le saviez-vous ?

Près de 4 500 personnes travaillent chaque année sur le Tour de France (coureurs, organisateurs, journalistes, suiveurs). La société organisatrice du Tour fait appel chaque année à Dynapost (entreprise du groupe La Poste) pour gérer leur courrier pendant l'épreuve.

Pour écrire à un coureur, il suffit de préciser son nom et son équipe, et d'ajouter la mention "Tour de France". Pendant un mois, deux facteurs ont pour mission d'assurer la réception et la distribution du courrier à chaque étape du Tour.

LE PETIT COIN DES JEUX

1. Combien la valse compte-t-elle de temps ?

a) 6 temps

b) 4 temps

c) 3 temps

2. Quel était le métier de Camille, la sœur de Paul Claudel ?

a) Écrivain

b) Sculpteur

c) Comédienne

Réponses : 1c - 2b

"L'homme n'est que poussière, c'est dire l'importance du plumeau." [Alexandre Vialatte]

Ça bouchonne dans le "pas"

Un détroit (parfois dénommé pas ou canal) est un bras de mer resserré entre deux rives faisant communiquer deux mers. Ce sont souvent des passages à risque ou de tension du point de vue militaire ou de la sécurité maritime (records de trafic maritime).

Voici quelques détroits importants :

- Le détroit de Gibraltar, qui sépare l'Europe et l'Afrique, situé entre la mer Méditerranée et l'océan Atlantique.
- Le pas de Calais marque la limite entre la Manche et la mer du Nord et sépare la Grande-Bretagne de la France.
- Le détroit de Béring, qui sépare l'Asie de l'Amérique et relie la mer de Béring à l'océan Glacial Arctique.
- Le canal d'Otrante relie la mer Adriatique à la mer Ionienne.
- Le détroit du Bosphore, qui sépare l'Europe de l'Asie et relie la mer Noire à la mer de Marmara, près de la mer Méditerranée.
- Le détroit de Malacca, entre la péninsule malaise et l'Indonésie, qui joue un rôle majeur dans le trafic mondial, permettant aux grands navires de relier l'Europe et le Moyen-Orient à l'Asie orientale.
- Le détroit de Magellan relie l'océan Pacifique et l'océan Atlantique.
- Le détroit de Formose, qui sépare la Chine de Taïwan.
- Le détroit des Dardanelles, reliant la mer Égée à la mer de Marmara.
- Le détroit de Bass, qui sépare la Tasmanie de l'État de Victoria, en Australie.
- Le détroit d'Ormuz, qui relie le golfe Persique au golfe d'Oman.

LE PETIT COIN DES LISTES

Connaissez-vous les vents de France ?

Agueil : aussi appelé aiguolas, est un vent d'est qui souffle sur les Cévennes méridionales.

Albe : aussi appelé vent d'Espagne, est un vent de sud-ouest qui souffle dans le Roussillon.

Auster : vent du sud chaud, épais et humide annonciateur d'orage.

Aquilons : vents mauvais du nord annonciateurs de tempête.

Bise : vent du Nord en pays de Savoie et en Suisse.

Cers : vent d'ouest ou du nord-ouest dans le bas Languedoc ; froid en hiver, chaud en été, toujours sec, il amène le beau temps. Il est aussi appelé Narbonnais dans la région de Narbonne.

Farou : vent local du nord-est qui souffle dans la vallée du Guiers (Isère).

Galerne : vent de nord-ouest, froid et humide, dans l'ouest de la France.

Hegoa : vent du sud, chaud et sec, mais suivi de pluies au Pays basque.

Levant : vent d'est très humide qui souffle en Provence, sur la Côte d'Azur, dans le Roussillon (levant) et en Corse (levante).

Libeccio : vent d'ouest ou du sud-ouest, violent en toutes saisons, qui traverse l'Italie et la Corse.

Marin : vent du sud chaud et humide soufflant de la mer Méditerranée vers la Provence et le Languedoc.

Mistral : vent du nord ou nord-ouest, soufflant violemment, en toutes saisons, dans la vallée du Rhône, en Provence et aux îles Baléares.

Mitgjorn : vent du sud qui souffle dans le Roussillon.

Noroît : vent du nord-ouest.

Toureillo : vent du sud soufflant dans l'Ariège.

Tramontane : vent froid du nord-ouest et du nord qui souffle en Languedoc et dans le Roussillon.

Traverse : vent d'ouest ou du nord-ouest soufflant du Jura au sud du Massif central.

Vent d'autan : vent du sud-est allant de la mer Méditerranée vers le Lot-et-Garonne.

Vent du Midi : vent du sud doux et sec provenant de la mer Méditerranée et soufflant dans le nord du Massif central, il annonce l'arrivée d'une perturbation. Il est dit que, lorsque ce dernier cesse de souffler, la pluie est en chemin.

Zéphyr : vent d'ouest doux et chaud.

LES MYSTÈRES DE DAME PIPI

Recherche aide pour déchiffrer code secret

Hiéroglyphes, suites de chiffres, gravés ou écrits, il reste à ce jour 9 codes qui n'ont jamais été décryptés. Voici l'histoire de l'un d'eux.

En 1820, aux États-Unis, Thomas J. Beale, lors d'un séjour dans un hôtel, se lia d'amitié avec le propriétaire, Robert Morris. Deux ans plus tard, il confia à ce dernier une boîte en fer verrouillée, avec pour consigne de l'ouvrir en 1932, s'il ne l'avait pas récupérée d'ici là. Il précisa que la boîte contenait trois lettres chiffrées, mais qu'il avait chargé un ami de lui envoyer la clé de déchiffrage dans 10 ans.
En 1845, soit 25 ans après, l'hôtelier n'ayant pas revu Beale ni reçu la clé promise, il décida d'ouvrir le coffre et y découvrit quatre feuillets.
Dans l'un d'eux, Bayle expliquait que lui et ses amis possédaient un trésor caché, après avoir trouvé une mine d'or et d'argent. Puisque ni lui, ni ses amis n'avaient récupéré la boîte, c'est qu'il leur était arrivé malheur et ce trésor devait revenir aux familles. Les trois autres lettres se présentaient comme une suite de nombres, séparés par des virgules.
Une seule lettre sur les trois fut décryptée par un ami de Morris. Les indications y étaient claires : il fallait déchiffrer le feuillet numéro 1 pour localiser le trésor, alors que le feuillet numéro 3 consignait la liste des compagnons de Beale.
Ne parvenant pas à déchiffrer les autres feuillets, il fut décidé que cette histoire soit publiée, dans l'espoir de trouver de l'aide.
Aujourd'hui, cette énigme passionne toujours les chasseurs de trésors et les casseurs de codes.

LES ASTUCES DE DAME PIPI

Quand on n'est pas très doué pour **ouvrir les huîtres**, il existe une méthode simple qui fonctionne parfaitement.
Il suffit de les faire tremper pendant quelques minutes dans de l'eau gazeuse et elles s'ouvriront bien plus facilement.

LE PETIT COIN DES BLAGUES

Jeux de combles, jeux de mots

C'est Claire et Louis, le couple parfait, qui ne se sépareront jamais. Pourquoi ?

Parce que si Claire perd l'ouïe, Louis ne verra plus clair.

Quel est le comble de la science ?

Un cheval-vapeur qui mange des racines carrées dans un champ magnétique.

Quel est le comble du mathématicien ?

C'est de se faire piquer sa moitié par un tiers dans un car.

Viva et Vivo font une croisière du côté du pôle Nord. Viva tombe à l'eau, que lui arrive-t-il ?

Viva gèle, bien sûr.

Pourquoi Sirrus est-il ton frère ?

Parce que six Russes, c'est six Slaves, s'ils se lavent, c'est qu'ils se nettoient, et si ce n'est toi, c'est donc ton frère.

"Il ne suffit pas d'être inutile. Encore faut-il être odieux." [Pierre Dac et Francis Blanche]

Inventions du Moyen Âge

1. Au Moyen Âge, dans quel pays a été inventé le bouton ?

a) Pays-Bas
b) Italie
c) France

2. Au Moyen Âge, dans quel pays a été inventée la boussole ?

a) Pays-Bas
b) Italie
c) Chine

3. À quelle période utilisa-t-on pour la première fois la brouette ?

a) Au 5e siècle
b) Au 9e siècle
c) Au 12e siècle

4. Quand a été inventée la cheminée ?

a) Au 10e siècle
b) Au 13e siècle
c) Au 15e siècle

5. Quand ont été inventées les lunettes ?

a) Au 10e siècle
b) Au 13e siècle
c) Au 15e siècle

6. Où fut créée la première université ?

a) À Venise
b) À Paris
c) À Constantinople

7. À qui doit-on la diffusion des chiffres dits arabes ?

a) Léonard de Vinci
b) Thomas d'Aquin
c) Leonardo Fibonacci

8. Quand apparaît la première horloge astronomique ?

a) En 1100
b) En 1364
c) En 1522

9. Quel est le premier livre européen imprimé avec des caractères mobiles ?

a) La Bible
b) *La République* de Platon
c) Une grammaire latine

Réponses : 1b - 2c - 3c - 4b - 5b - 6c - 7c - 8b - 9c

LE PETIT COIN DES LISTES

Les accros du thé

Il existe plus de 3 000 variétés de thés. Thés vert, rouge, noir, ou encore, dans les plus délicats, les thés blanc et jaune, sont tous issus de la même plante, le théier. Leur particularité vient des différents traitements qui leur sont appliqués (oxydation, séchage, fermentation, etc.).

Les plus grands buveurs de thé

1. Turquie
2. Maroc
3. Uzbekistan
4. Kazakhstan
5. Russie
6. Irlande
7. Nouvelle-Zélande
8. Iran
9. Égypte
10. Royaume-Uni

Les plus gros producteurs de thé

1. Chine
2. Inde
3. Sri lanka
4. Kenya
5. Turquie
6. Indonésie
7. Viêt Nam
8. Japon
9. Argentine
10. Iran
11. Bangladesh
12. Malawi
13. Ouganda

Jules Verne visionnaire ou résolument moderne

Jules Verne (1828-1905) est un écrivain français dont une grande partie des œuvres est consacrée à des romans d'aventures et de science-fiction ou d'anticipation. Que reste-t-il aujourd'hui des prémonitions de l'auteur des *Voyages extraordinaires* ? Dans les titres qui suivent, l'auteur y décrit des objets aux procédés techniques avancés, qui ont été inventés bien plus tard.

AIR ET ESPACE

- *De la Terre à la Lune, trajet direct en 97 heures 20 minutes*, 1865 : Youri Gagarine est le premier homme à avoir effectué un vol, en 1961.
- *Robur le Conquérant*, 1886 : l'hélicoptère, inventé en 1910.
- *Les Cinq Cents Millions de la Bégum*, 1879 : le satellite artificiel. En 1957, Spounik 1 est mis sur orbite.
- *Autour de la Lune*, 1870 : un satellite de la Lune... C'est en 1969 qu'eut lieu le premier vol circumlunaire.

MER

- *Vingt Mille Lieues sous les mers*, 1869 : le Nautilus, un sous-marin moderne fonctionnant à l'électricité. Le premier sous-marin réellement opérationnel fut mis au point en 1887, propulsé par un moteur électrique de 50 chevaux. En 1955, un sous-marin nucléaire entra en service.
- *Vingt Mille Lieues sous les mers*, 1869 : le scaphandre autonome fut inventé vers 1880.

ÉNERGIE ET ENVIRONNEMENT

- *Hector Servadac*, 1877 : le chauffage tellurique. En géothermie, les développements technologiques les plus significatifs ont vu le jour dans les années 70-80.
- *Les Cinq Cents Millions de la Bégum*, 1879 : l'incinération écologique des déchets ne fut étudiée que vers 1950.

COMMUNICATIONS

• *Le Château des Carpathes*, 1892 : la projection d'une image en relief animée, sorte de télévision. Elle ne fut inventée qu'en 1926.

• *Le Château des Carpathes*, 1892 : le magnétoscope, en 1966.

• *Le Château des Carpathes*, 1892 : le Caméscope, en 1983.

• *La Journée d'un journaliste américain en 2889*, 1889 : le télégraphe personnel. La télécopie fonctionna en 1949.

• *Paris au XXe siècle*, 1864 : la conférence à distance possible vers 1950.

CHIMIE

• *Robur le Conquérant*, 1886 : les matières plastiques apparurent vers 1930.

• *Face au drapeau*, 1896 : Des explosifs de puissance. En 1930 apparut le TNT.

• *Les Cinq Cents Millions de la Bégum*, 1879 : les gaz de combat, utilisés en 1916.

LA CULTURE PAS CHIANTE

Les records des volcans

Les supervolcans super en colère

Un supervolcan est un volcan qui produit les éruptions les plus importantes et les plus volumineuses sur terre. L'intensité de ces explosions varie, mais elle est suffisante pour créer des dommages considérables à l'échelle d'un continent et même avoir des effets sévères, voire cataclysmiques, pour le climat et la vie sur terre.
"Les volcans forment des montagnes ; les supervolcans les détruisent. Les volcans tuent les plantes et les animaux à des kilomètres à la ronde ; les supervolcans menacent d'extinction des espèces entières en provoquant des changements climatiques à l'échelle planétaire" US Geological Survey.

Les événements volcaniques au plus haut niveau et leurs volumes éjectés sont les suivants :

♦ Lac Taupo, Nouvelle-Zélande – 1 170 km^3, il y a 26 500 ans environ.

♦ Lac Toba, Indonésie – 2 800 km^3, il y a 73 000 ans, qui a plongé la Terre dans un hiver volcanique.

♦ Caldeira de Yellowstone, États-Unis – 2 500 km^3, il y a 73 000 ans, et 1 000 km^3, il y a 640 000 ans.

♦ Caldeira La Garita, États-Unis – ~5 000 km^3, il y a 27,8 millions d'années.

Autres éruptions massives connues :

- Caldeira d'Aira, Japon – 300 km^3, il y a 22 000 ans.
- Aso, Japon. Zone très dangereuse, on estime que la population qui habite dans cette zone s'élève à 100 000 personnes.
- Champs Phlégréens, en Campanie, Italie, zone toujours active, avec un soulèvement du sol de 2 m depuis 1970.
- Caldeira Kikai, Japon – 150 km^3, il y a 6 300 ans.
- Caldeira de Long Valley, États-Unis, déformation du sol de 10 cm par an.

"L'imperfection est beauté, la folie est génie, et il vaut mieux être totalement ridicule que totalement ennuyeux." [Marilyn Monroe]

Ne partez pas !

Classement des chanteurs français ayant affiché les plus gros revenus l'année précédente.

1. David Guetta (3,2 millions d'euros)

2. Eddy Mitchell (3 millions d'euros)

3. Jean-Louis Aubert (2,7 millions d'euros)

4. Mylène Farmer (2,7 millions d'euros)

5. Johnny Hallyday (2,6 millions d'euros)

6. Nolwenn Leroy (2,5 millions d'euros)

7. Charles Aznavour (2,2 millions d'euros)

8. Roberto Alagna (1,6 million d'euros)

9. Christophe Maé (1,6 million d'euros)

10. Ben l'Oncle Soul (1,6 million d'euros)

PISSE TROIS GOUTTES

Un yakuza est un membre d'un groupe du crime organisé au Japon. Par extension, ce mot désigne n'importe quel voyou japonais.
L'origine du mot yakuza est tirée d'une combinaison du jeu de cartes japonais appelé Oicho-Kabu, proche du baccara.
"Ya" vient de yattsu, qui signifie huit.
"Ku" veut dire neuf.
"Za" est sans doute une déformation de "san", qui veut dire trois.
Ya-ku-za est donc la somme de 8, 9 et 3, soit 20, qui est une main perdante. Ce nom signifie donc "perdants", "bons à rien".

LE PETIT COIN DES JEUX

1. Quel homme politique est le premier président à nommer une femme au poste de Premier ministre ?

a) François Mitterrand
b) Jacques Chirac
c) Nicolas Sarkozy

2. Quel assassinat a déclenché la Première Guerre mondiale, en 1914 ?

a) Jean Jaurès
b) Nicolas II
c) L'archiduc François Ferdinand d'Autriche

3. Qui a fondé la République populaire de Chine ?

a) Tchang Kaï-Chek
b) Mao Zedong
c) Deng Xiaoping

4. Quelle distinction Churchill reçoit-il, en 1953 ?

a) Le prix Nobel de la paix
b) Le prix Nobel de littérature
c) Le prix de Bravoure

Réponses : 1a - 2c - 3b - 4b

"On ment plus qu'il ne faut par manque de fantaisie : la vérité aussi s'invente." [Antonio Machado]

Les aliments de la bonne humeur

Ils contiennent un composant indispensable à la production de sérotonine : le tryptophane. La sérotonine est présente dans le cerveau et agirait, entre autres, sur le sommeil et la bonne humeur. Elle n'est pas produite par le corps humain mais apportée grâce à la digestion de certains aliments.

Le riz complet

Les produits laitiers

La viande

La dinde

Les poissons

Les crustacés

Les œufs

Les protéines de soja

Les légumineuses

Le chocolat

La banane

Le kiwi

La figue

Les dattes

Les prunes

Les amandes

Les pistaches

Les noix de cajou

Les arachides

Les graines de tournesol

Les graines de pavot

Les graines de sésame

La levure de bière

L'amarante

L'orge

L'avoine

Le blé

"La peur de tomber : voilà ce qui fait grimacer les pendus." [Pierre Dumayet]

LA QUESTION DE DAME PIPI

Combien pèse un nuage ?

Lorsqu'il y a évaporation (végétaux, mer, etc.), la vapeur d'eau entre en contact avec l'atmosphère et se refroidit. Elle se transforme alors en petites gouttelettes ou en petits cristaux de glace qui donnent naissance aux nuages. Le nuage est toutefois constitué d'air à plus de 99 %.

Tant qu'il y a de l'évaporation, le nuage poursuit sa croissance.

Les formes et les hauteurs des nuages varient en fonction de l'altitude et de la vitesse qu'atteignent les masses d'air montantes, et c'est en fonction de leur hauteur et de leurs formes qu'on peut classer les nuages par types.

Un cumulo-nimbus moyen représente une surface de 1 000 km^3, avec une densité d'eau de 0,8 g/m^3. Le cumulo-nimbus pèse donc 800 000 tonnes.

En réalité, les gouttelettes restent en suspension tant que l'air peut soutenir leur poids. Lorsque les nuages sont soumis à des courants ou à des tourbillons à l'intérieur du nuage, les gouttelettes fusionnent avec des particules et grossissent et, lorsqu'elles deviennent trop lourdes, elles tombent et forment la pluie.

LE PETIT COIN DES LISTES

N'import nawak !

Le groupe Facebook « Les Toso d'or » a pour vocation de répertorier les statuts Facebook les plus amusants. Voici leur sélection.

You've cat to be kitten me right meow.

Virgile tombe toujours du mauvais côté quand il est beurré.

Playmobitch en avant les trottoirs.

L'espoir fait vivre... Surtout ceux qui en vendent.

On vit dans un monde où la pizza arrive plus vite que la police.

Hugo Boss pendant que Christian Dior.

Elle avait des bottes mi-pute mi-soumise.

Se fumer un buzz pour se mettre share.

Désolée, ça fait longtemps que je n'ai pas tweeté, j'étais en train d'essayer de mettre une couette dans sa housse.

Le vocabulaire de la génération SMS tient dans un 10 Ko.

Quand tu dézippes un fichier, c'est un peu comme si ton Mac te faisait un striptease.

Si on photographie le bois de Boulogne de nuit avec un temps d'exposition très long, on ne voit que des traînées.

L'UMP, c'est exactement l'inverse du PMU. On ne sait pas qui est arrivé en premier.

Dans les agences de mannequins, ça doit sentir le book !

J'ai shazamé ton cœur et il a trouvé l'amour.

Toutes les tablettes se font doigter mais seule la Nexus...

Tu saisis comme ça t'échappe ?

C'est un crapaud, il croyait qu'il était en retard, mais en fait, il était dans l'étang.

Life's a biche !

L'impôt, tu l'aimes ou tu l'acquittes.

Se taire en cours, c'est respecter le sommeil des autres.

Attendre au Quick, le seul euphémisme qui soit un oxymore.

Ce statut est aussi inutile que la date de péremption d'un pot de Nutella…

À bosser avec des boulets, on sort rarement des projets canons.

Comme je ne suis pas payé en fonction de ce que je fais, je fais en fonction de ce que je suis payé.

RATP, les transpire en commun.

Tu sors avec mon ex ? Cool ta vie. Je mange un cookie, tu veux les miettes ?

Est-que vous pouvez mettre "j'aime" dans 9 minutes, s'il vous plaît, j'ai mis des pâtes à cuire et j'ai pas de minuteur !

On entendrait moins parler des femmes battues si elles n'étaient pas aussi mauvaises perdantes.

La lecture dans l'ascenseur : l'Otis Reading.

L'UMP est complètement à Copé d'ses pompes mais ne nous Fillon pas aux apparences !

Juridiquement parlant, l'infidélité est une forme de célibat unilatéral.

Les PV passent à 17 euros. Je vends encore quelques PV à 11 euros, y en aura pas pour tout le monde.

Un fromager japonais qui se suicide, il se fait un hara-kiri kiri kiri.

La mère de Charlemagne, la reine Berthe, avait de grands pieds.

Vrai ou Faux ?

Faux : On dit bien Berthe au Grand Pied. Cette caractéristique viendrait en fait d'une légende que l'on racontait dans la France médiévale. Le roi pépin aurait demandé en mariage la fille du roi de Hongrie, qui selon les dires était d'une grande beauté mais avait un pied plus grand que l'autre. Berthe se mit donc en route pour une cour qu'elle ne connaissait pas. En chemin, sa servante proposa d'inverser les rôles afin de vérifier que sa maîtresse ne courait aucun danger auprès de son futur époux. Mais une fois à la cour, elle fit chasser Berthe. Celle-ci vécut dix ans en sauvageonne dans les bois. Un jour, Pépin la découvrit par hasard et la reconnut à… son pied plus grand que l'autre.

On retrouve cette caractéristique d'"asymétrie déambulatoire" dans de nombreux mythes et de nombreuses légendes d'Europe et d'Asie. Selon des historiens, elle pourrait signaler un être qui fait le lien entre notre monde et l'autre monde. Une façon de sacraliser Berthe, et donc son fils, Charlemagne.

LES SECRETS DE DAME PIPI

À la bataille d'Ypres, en 1915, les Allemands ont utilisé pour la première fois du **chlore gazeux**. Alors que les Français fuyaient pour éviter ce nouveau gaz chimique, les Canadiens placèrent un mouchoir imbibé d'urine sur leur bouche et leur nez, en guise de filtre, ce qui leur permit de résister au gaz et de repousser l'attaque ennemie. L'ammoniac contenu dans l'urine permet en effet de cristalliser le gaz et réduit considérablement les dégâts aux poumons.

LES CONSEILS DE DAME PIPI

Du basilic contre les aphtes

Le basilic dispose de vertus antiseptiques et anti-inflammatoires. Il aide à détruire les microbes présents dans la bouche et à soulager les lésions. Il suffit de mâcher quelques feuilles de basilic crues ou de se concocter des bains de bouche. La recette : 100 g de basilic dans un litre d'eau bouillante, pendant trente minutes. À répéter plusieurs fois par jour, jusqu'à disparition des aphtes.

“Un ministre, ça ferme sa gueule. Si ça veut l'ouvrir, ça démissionne.” [Jean-Pierre Chevènement]

LE PETIT COIN DES BLAGUES

Chirac et Bush discutent politique. Bush demande à Chirac :

– Comment faites-vous pour avoir des hommes politiques aussi réactifs et organisés ?

– C'est simple, je les teste régulièrement. Je leur pose des questions, s'ils répondent correctement, je les garde. Je vais vous donner un exemple.

Chirac prend son téléphone portable et appelle De Villepin :

– Dominique, c'est Jacques, tu connais la règle, tu réponds ou tu es viré. Alors, c'est l'enfant de ta mère mais ce n'est ni ton frère ni ta sœur, qui est-ce ?

– Facile, c'est moi.

Bush, étonné, rentre chez lui et appelle son Premier ministre :

– Je vais te poser une question, ta carrière est en jeu. Si tu me donnes une réponse fausse, tu es viré. C'est l'enfant de ta mère mais ce n'est ni ton frère ni ta sœur, qui est-ce ? Je te laisse 24 heures.

Le Premier ministre, désemparé, appelle le père de George W. Bush.

– Monsieur, c'est l'enfant de votre mère mais ce n'est ni votre sœur ni votre frère, qui est-ce ?

– Facile, c'est moi.

Le lendemain, le ministre donne sa réponse à Bush.

– Monsieur, la réponse est : c'est votre père.

Bush regarde son Premier ministre et lui dit :

– Fais tes valises, la réponse c'est De Villepin.

“La mémoire, c'est du souvenir en conserve.” [Pierre Dac]

TIREZ LA CHASSE

Les enfants de la terre

Près de 215 millions d'enfants sont contraints de travailler pour survivre. C'est pourquoi il est important de rappeler qu'il faut protéger les enfants et faire respecter leurs droits !

1 enfant sur 4 qui travaille vit dans les pays en voie de développement. Ils sont :

- 60 % sur le continent asiatique (excepté le Japon) : soit environ 130 millions.
- 25 % en Afrique subsaharienne : 48 millions.
- 8 % en Amérique latine : 18 millions.
- 6 % au Moyen-Orient et en Afrique du Nord : 20 millions.
- 1 % dans les pays industrialisés dont l'Union européenne : 3 millions.

Les pays comprenant la plus grande proportion d'enfants qui travaillent :

Mali
Bhoutan
Burundi
Ouganda
Niger
Burkina Faso
Éthiopie
Népal
Rwanda
Kenya

LE PETIT COIN DES LISTES

Mickey et cie

Les parcs d'attractions les plus visités

1. Magic Kingdom Walt Disney World (États-Unis, Floride) – 17 233 000 visiteurs.

2. Disneyland (États-Unis, Californie) – 15 900 000 visiteurs.

3. Disneyland Tokyo (Japon) – 14 300 000 visiteurs.

4. Disneyland Paris (France) – 12 700 000 visiteurs.

5. Tokyo DisneySea (Japon) – 12 500 000 visiteurs

6. Epcot – Walt Disney World (États-Unis, Floride) – 11 000 000 visiteurs.

7. Disney Hollywood Studios – Walt Disney World (États-Unis, Floride) – 9 600 000 visiteurs.

8. Disney's Animal Kingdom – Walt Disney World (États-Unis, Floride) – 9 500 000 visiteurs.

9. Universal Studios Japon (Japon) – 8 300 000 visiteurs.

10. Everland (Corée du Sud) – 7 200 000 visiteurs.

LES RÉFLEXIONS DE DAME PIPI

L'essence trop chère ?

En 2012, le litre de super coûte 1,60 euro. Le smic est à 9,40 euros l'heure. On peut donc se payer presque 6 litres d'essence par heure.

En 1980, le litre de super coûtait 0,50 euro. Le smic était à 2,18 euros l'heure. On pouvait donc se payer un peu plus de 4 litres d'essence par heure.

TIREZ LA CHASSE

Le saviez-vous ?

Au 5e siècle, on croyait que si l'on donnait naissance à une fille, c'est que le sperme était venu du testicule gauche. Pour les garçons, il était venu du testicule droit.

LE PETIT COIN DES JEUX

1. "Le petit chat est mort" est une réplique d'Agnès dans une pièce de Molière, laquelle ?

a) *L'École des femmes*
b) *Les Amants magnifiques*
c) *Les Femmes savantes*

2. Comment s'appelle la mère de Gargantua ?

a) Deirdre
b) Augre
c) Gargamelle

Réponses : 1a - 2c

"De vingt à quarante ans, on voudrait avoir. De quarante à soixante, on voudrait être. De soixante à quatre-vingts, on voudrait ne pas avoir été." [Gilles Jacob]

Ils sont à fond

LES ANIMAUX MARINS LES PLUS RAPIDES :

Voilier : 110 km/h
Espadon : 109 km/h
Requin mako : 74 km/h
Thon rouge : 70 km/h
Orque : 64 km/h
Dauphin commun : 44 km/h
Requin bleu : 40 km/h
Grand dauphin : 30 km/h

LES MAMMIFÈRES LES PLUS RAPIDES :

Le guépard : 110 km/h
L'antilope : 100 km/h
Le cheval (type Quarter horse) : 88 km/h
Le lévrier russe : 85 km/h
Le lion : 80 km/h
La gazelle : 80 km/h
Le chevreuil : 70 km/h
Le lièvre : 70 km/h
Le kangourou : 70 km/h
Le gnou : 65 km/h

LES POTINS DE DAME PIPI

Copenhague a adopté une loi exigeant que tous les nouveaux bâtiments aient des toits végétalisés – une mesure qui permettrait d'ajouter 5 000 m^2 de végétation dans la capitale danoise.

LES OISEAUX LES PLUS RAPIDES :
Le pèlerin : de 320 à 380 km/h
L'aigle royal : de 110 à 190 km/h
La frégate (en vol piqué) : de 110 à 154 km/h
L'oie éperonnée : de 110 à 140 km/h
Le martinet, la sarcelle d'hiver : de 110 à 112 km/h
Le lagopède d'Écosse, la caille des blés : de 90 à 96 km/h
La perdrix grise : 85 km/h
Le pélican, l'hirondelle de fenêtre, le colvert, le ramier : de 80 à 82 km/h
La cigogne, le chevalier aboyeur, le canard souchet : 75 km/h

"La plus grave maladie du cerveau, c'est de réfléchir." [Jacques Rouxel]

LES CONSEILS DE DAME PIPI

Avant de partir en voyage, renseignez-vous

Le ministère des Affaires étrangères met régulièrement à jour la liste des pays à éviter sur une période donnée. Des pays peuvent être déconseillés à cause :

- des manifestations politiques ou religieuses (élections, béatifications, etc.)
- des conflits politiques, des guerres
- des séismes, ou autres catastrophes naturelles
- des épidémies (H1N1, etc.)
- des enlèvements, des attaques armées, des vols

Vous pouvez aussi consulter le rapport de la firme britannique Control Risks, qui publie un compte rendu annuel des risques par pays. Celui de 2013 est déjà téléchargeable, et une carte interactive est en ligne.

LE PETIT COIN DES JEUX

1. Quel club de foot d'Angleterre les Red Devils représentent-ils ?

a) Manchester United
b) Manchester City
c) Liverpool

2. En Espagne, qui sont les Colchoneros ?

a) Les joueurs de Betis Séville
b) Les joueurs de l'Atlético Madrid
c) Les joueurs d'Osasuna

3. Les Gunners viennent de Londres. Mais de quelle équipe ?

a) Tottenham
b) Chelsea
c) Arsenal

4. En Italie, qui est la Vieille Dame ?

a) La Juventus de Turin
b) L'Inter Milan
c) L'AS Rome

Réponses : 1a - 2b - 3c - 4a

“Ne disons pas de bien de notre époque, elle n'est pas plus malheureuse que les précédentes.” [Samuel Beckett]

Trop stylé

Le prix du Style a été créé par le label littéraire Plume et Plomb, en 2005. Il a vocation à récompenser, pour sa qualité stylistique, un livre écrit par un auteur vivant d'expression francophone paru dans l'année écoulée.

♦ 2012 Marie-Hélène Lafon, *Les Pays* (Buchet-Chastel).
♦ 2011 Véronique Bizot, *Un avenir* (Actes Sud).
♦ 2010 Harold Cobert, *L'Entrevue de Saint-Cloud* (Héloïse d'Ormesson).
♦ 2009 Brice Matthieussent, *Vengeance du traducteur* (POL).
♦ 2008 Bernard Quiriny, *Contes carnivores* (Seuil).
♦ 2007 Louis-Stéphane Ulysse, *La Fondation Popa* (Panama).
♦ 2006 Emmanuel Venet, *Ferdière, psychiatre d'Antonin Artaud* (Verdier).
♦ 2005 Stéphane Audeguy, *La Théorie des nuages* (Gallimard).

Les métiers d'antan

Avaleur de nefs : il était chargé d'aider les bateaux à passer sous les ponts grâce à sa flette (barque), des cordes et d'autres équipages.

Cadranier : il fabriquait les cadrans solaires.

Chandelier : il vendait des bougies, des cierges (petit flambeau formé d'une mèche de coton qu'on a plongée dans du suif chaud).

Clocheteur des trépassés : il précédait les convois funèbres avec une petite clochette qu'il faisait sonner de temps en temps.

Coquetier : marchand ambulant qui récoltait les produits frais tels que beurre, œufs, etc., dans les campagnes pour les revendre au marché.

Cueilleur d'orphelins : qui ramassait les mégots.

Dessinateur : personne qui composait et traçait les figures à imiter dans la fabrication des étoffes.

Échantilleur : contrôleur des poids et mesures utilisés dans une ville ou une région.

Gagne-petit : aiguiseur de couteaux et autres objets tranchants au moyen d'une meule ; métier itinérant.

Gnomoniste : il effectuait les calculs nécessaires à la création d'un cadran solaire.

Ramasseur de crottes : dans une bonne journée, il rapportait dix kilos de crottes de chiens au trieur de crottes.

Trieur de crottes : personne qui triait les déjections canines. Il alimentait de ses trouvailles les mégissiers, qui transformaient en cuir les peaux d'animaux. Les déjections d'animaux carnivores permettaient d'assouplir le cuir. Les crottes de chiens errants étaient réputées de meilleure qualité que celles des chiens de la « haute » : question de nourriture.

Sauveur d'âmes : il fabriquait des nouvelles chaussures à partir de vieilles.

Regrettier, ou regrattier : il vendait les restes des tables des grands aux plus humbles dans les foires, au Moyen Âge.

Vinaigrier : affublé d'un bonnet rouge, il poussait sa brouette, sur laquelle se trouvait le tonneau de vinaigre.

Arracheur d'ailes : au moyen d'un hameçon, il attrapait les hirondelles et leur arrachait à vif les plumes qui garniraient les chapeaux des femmes.

Loueuse de sangsues : elle devait se tremper dans la Seine et attendre que les bestioles suceuses viennent se coller sur ses cuisses, car les pharmaciens étaient friands de ces mini-vampires pour soigner les malades et confectionner des drogues.

Faiseur d'oublies : l'oublie était une galette ronde fabriquée avec des restes d'œuf, de sucre et de miel confectionnée par des pâtissiers et vendue dans la rue.

ou encore :
le marchand de cheveux, les loueuses de chaises, les limonadiers, les arracheurs de dents, les raccommodeurs de porcelaine, le professeur de cris, etc.

LES ASTUCES DE DAME PIPI

Lorsque vous faites des carottes râpées avec votre robot, l'hélice est toujours colorée. Vous avez beau la laver avec du produit vaisselle, les taches ne disparaissent pas. Solution : mettez un peu d'huile sur un papier absorbant et nettoyez votre râpe. Résultat : la couleur orangée a disparu et le blanc est revenu.

LE PETIT COIN DES BLAGUES

Deux bébés viennent de naître à l'hôpital.
L'un dit à l'autre :
– T'es une fille ou un garçon ?
– Je suis une petite fille… et toi ?
– Moi, je ne sais pas !
– Baisse ton drap, je vais te dire ce que tu es.
Il baisse son drap, mais la petite fille dit :
– Baisse plus bas, je ne vois pas !!!
Il baisse encore plus bas, et la petite fille dit :
– Oh ben t'es un petit garçon, t'as des chaussons bleus !

“La mer est salée parce qu'il y a des morues dedans. Et si elle ne déborde pas, c'est parce que la providence, dans sa sagesse, y a placé aussi des éponges.” [Alphonse Allais]

Le saviez-vous ?

Les océans et les mers occupent un volume estimé à 1 340 millions de km³.

L'océan Atlantique ne fait que la moitié du Pacifique environ.

La plus grande vague océanique formée par le vent mesurait 34 mètres de hauteur.

Les marées, qui modifient le niveau de la surface des océans et provoquent le flux et le reflux, résultent de l'attraction du Soleil et de la Lune.

Le niveau de l'eau peut varier de 15 mètres sous l'effet des marées.

Il est possible d'aller jusqu'au pôle Nord sous la glace en sous-marin.

96,6 % de l'eau de la terre est salée.

L'eau de la mer Morte contient 33 % de sel, soit dix fois plus que les océans.

Un verre d'eau contenant une cuillerée à café de sel a presque la même teneur en sel que l'océan.

À Hong Kong, plus de 90 % de l'eau pour les toilettes provient de la mer, ce qui l'oblige à un traitement différent.

Des inventeurs tués par leur propre invention

Industrie

William Bullock (1813-1867) améliora le principe des rotatives en remplaçant les feuilles par des bobines de papier. En tentant de réparer une de ses presses, son pied fut écrasé par le poids de celle-ci et se gangréna. Bullock est mort sur la table d'opération alors qu'on lui amputait le pied.

Maritime

Horace Lawson Hunley (mort en 1863) était un ingénieur marin confédéré et inventeur du premier sous-marin de combat. Il décède au cours d'un exercice de routine du sous-marin.

Cowper Coles (1819-1870) inventa les tourelles sur les navires de guerre et fut le concepteur d'un navire révolutionnaire sur lequel il voulait intégrer la plupart de ses inventions. Pour cela, il construisit un pont supérieur, élevant ainsi le centre de gravité. Le bateau chavira, entraînant Coles et près de 500 marins dans sa perte.

Exécution

Li Si (208 av. J.-C.), Premier ministre durant la dynastie Qin, est exécuté par la méthode des 5 douleurs, méthode qu'il avait lui-même mise au point.

James Douglas, 4e comte de Morton (vers 1516-1581), est exécuté à Édimbourg par la Maiden écossaise. Un type de tranche-tête qu'il avait introduit en Écosse en tant que régent.

Médecine

Thomas Midgley Jr. (1889-1944), ingénieur et chimiste américain, est atteint de poliomyélite à l'âge de 51 ans. Il conçoit alors un système de ficelles et de poulies pour l'aider à se sortir du lit (l'ancêtre du lit d'hôpital, en quelque sorte). Accidentellement, il se prend le pied dans les cordes et meurt étranglé. Il est connu pour avoir inventé l'essence au plomb et les chlorofluorocarbones.

Physique

Marie Curie (1867-1934) inventa un procédé pour isoler le radium après avoir co-découvert les éléments radioactifs radium et polonium. Elle mourut des conséquences d'une exposition prolongée aux radiations ionisantes émanant de ses recherches.

Plusieurs physiciens ayant travaillé au développement de la bombe atomique au Laboratoire national de Los Alamos sont morts de l'exposition aux radiations. C'est le cas, par exemple, de Harry K. Daghlian Jr. (1921-1945) et de Louis Slotin (1910-1946), qui ont tous deux été exposés à des doses létales de radiations.

Aérospatiale

Max Valier (1895-1930) invente une fusée au combustible liquide au sein d'une société astronautique allemande. En 1930, un engin propulsé à l'alcool explose sur son banc d'essai à Berlin, tuant Valier sur place.

Aviation

Ismail ibn Hammad al-Jawhari (décès env. 1003-1010), érudit turc de Farad, a tenté de voler à l'aide de deux ailes en bois et d'une corde. Il saute du toit d'une mosquée à Nishapur et se tue.

Franz Reichelt (1879-1912), un couturier, inventa un costume parachute. Il s'écrasa du premier étage de la tour Eiffel alors qu'il testait son invention.

Michael Dacre (mort en 2009) décède en testant son taxi volant.

Automobile, véhicules

William Nelson (1879-1903), un employé de General Electric, invente un nouveau moyen de motoriser des bicyclettes. Il tombe de son prototype au cours d'un tour d'essai.

Jimi Heselden : inventeur du Segway (véhicule électrique monoplace, constitué d'une plate-forme munie de deux roues sur laquelle l'utilisateur se tient debout). Il a été retrouvé dans sa propriété au bas d'une falaise, gisant à côté de son engin.

"Une cravate propre attire inévitablement les aliments." [Loi de Murphy]

Boum boum… boum boum…

Le BPM (battement par minute), couramment abrégé par le sigle bpm, est une unité de mesure utilisée pour exprimer le tempo de la musique ou le rythme cardiaque, quantifié par le nombre de battements se produisant en une minute.

Sur une partition de musique classique, les termes italiens (comme allegro ou presto) servent à indiquer le tempo.

Le morceau reconnu comme morceau au bpm le plus élevé du monde est *Thousand*, de Moby, qui, comme son nom l'indique ("mille" en anglais), oscille jusqu'à 1 000 bpm. Il est d'ailleurs inscrit au Guinness Book of Records, bien qu'au-dessus d'un certain seuil l'auditeur ne puisse plus vraiment ressentir ce tempo et ait plutôt le sentiment d'une masse sonore arythmique.

LA QUESTION DE DAME PIPI

Vrai ou Faux ?

Les combats de gladiateurs étaient exclusivement réservés aux hommes.

Faux. Des femmes combattaient aussi dans les arènes. Beaucoup de combats de femmes étaient organisés. Et lors de l'inauguration du Colisée, la plupart des 9 000 animaux égorgés l'ont été par des femmes.

Largo : 40-60 bpm

Larghetto : 60-66 bpm

Adagio : 66-76 bpm

Andante : 76-108 bpm

Moderato : 108-120 bpm

Allegro : 120-168 bpm

Presto : 168-200 bpm

Prestissimo : 200-208 bpm

“Ce n’est pas parce que l’homme a soif d’amour qu’il doit se jeter sur la première gourde !” [Pierre Desproges]

PISSE TROIS GOUTTES

L'utilisation de crème solaire n'est pas nouvelle.
Au 6e siècle, les Égyptiens se servaient d'un baume à base d'eau de riz. Les Inuits utilisaient de la graisse de phoque. Mais il faudra attendre le 19e siècle, quand les scientifiques identifient les ultraviolets, pour produire des crèmes solaires vraiment efficaces. En 1935, le fondateur de L'Oréal fabrique la première lotion qui contient un composé chimique s'appparentant à la graisse produite par la civette (le musc), et qui stoppe les UV.

LE PETIT COIN DES JEUX

Complétez ces titres de livres :

1. … ou le Maure de Venise, de William Shakespeare
a) Hamlet
b) Macbeth
c) Othello

2. … dans le métro, de Raymond Queneau
a) Zazie
b) Fanny
c) Marie

3. … le vampire, d'Anne Rice
a) Armand
b) Clément
c) Yvan

4. …, roman de Nabokov
a) Lola
b) Lolita
c) Nina

Réponses : 1c - 2a - 3a - 4b

"Napoléon n'était qu'à moitié corse : il ne croisait qu'un seul bras !" [Coluche]

LE PETIT COIN DES LISTES

Les religions du monde

Les statistiques à l'échelle mondiale sont une tâche particulièrement ardue, et la source la plus consultée repose depuis plus de deux décennies sur le travail d'un missionnaire anglican, David B. Barret, et de ses collaborateurs, particulièrement en ce qui concerne le christianisme.

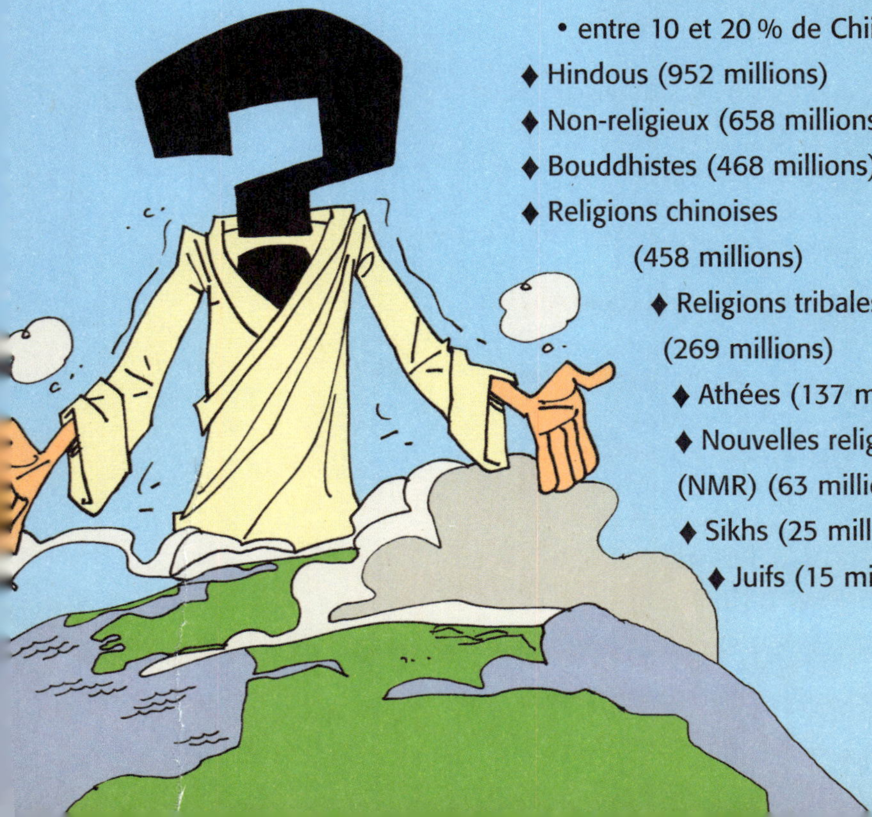

- Chrétiens (2,31 milliards), dont :
  - Catholiques (1,16 milliard)
  - Protestants (426 millions)
  - Chrétiens indépendants (378 millions)
  - Orthodoxes (271 millions)
  - Anglicans (88 millions)
  - Autres chrétiens (36 millions)
- Musulmans (1,58 milliard), dont :
  - environ 75 % de sunnites
  - entre 10 et 20 % de Chiites
- Hindous (952 millions)
- Non-religieux (658 millions)
- Bouddhistes (468 millions)
- Religions chinoises (458 millions)
- Religions tribales (269 millions)
- Athées (137 millions)
- Nouvelles religions (NMR) (63 millions)
- Sikhs (25 millions)
- Juifs (15 millions)

LA QUESTION DE DAME PIPI

Le saviez-vous ?

Le brouillard est constitué de minuscules gouttelettes d'eau.

La grêle est composée des flocons de neige glacés qui se forment pendant un orage.

Les scientifiques ont découvert que les gouttes de pluie n'ont pas du tout la forme de gouttes, mais de petits pains ronds.

En Antarctique, il ne neige jamais plus de 5 cm par an. Le climat y est plus sec que dans le désert du Sahara. Le plus gros grêlon, plus de 1 kg, est tombé au Bengladesh en 1985. Un flocon de neige de 38 cm de diamètre a été découvert, en 1887, dans le Montana, aux États-Unis.

LE PETIT COIN DES LISTES

La totémisation est une tradition scoute consistant à s'attribuer un totem, c'est-à-dire un nom d'animal (généralement suivi d'un adjectif, appelé quali).

Abbé Pierre : Castor Méditatif
Jacques Brel : Phoque Hilarant
Antoine de Caunes (acteur et réalisateur) : Ours Vaillant
Jacques Chirac : Bison Égocentrique
Lionel Jospin : Langue Agile
Olivier de Kersauson (navigateur) : Albatros Irascible
François Léotard (politique) : Zèbre Idéaliste
Michel Rocard (politique) : Hamster Érudit
Jean-Jacques Goldman : Caffra Arrogant et Décidé
Hergé : Renard Curieux
Jacques Martin : Grenouille Optimiste
Simone Veil : Lièvre Agité

LES POTINS DE DAME PIPI

Rien n'est dû au hasard, tout est question de magie

Alors que Sigmund Freud analysait et rationalisait l'esprit humain, l'inconscient, le conscient, le Moi, le Surmoi, les angoisses, les peurs et les rêves au point de vouloir en faire une science, il écrivait à Martha, sa femme : "Tu sais que je suis devenu superstitieux. La raison est terriblement austère et sombre ; une petite superstition a quelque charme...".
En effet, il croyait en la numérologie et pratiquait des rites magiques :

Il brisa le couvercle en marbre d'un encrier pour obtenir un cadeau de sa sœur.

Une autre fois, sa fille aînée étant en danger de mort à la suite d'une opération, Freud visa avec une pantoufle une statuette de marbre, qu'il brisa, en signe de sacrifice propitiatoire.

Une figurine égyptienne subit le même sort, plus tard, pour préserver une amitié.

Dans une lettre du 4 juillet 1882, il recommanda à Martha de mettre une pièce d'argent dans sa tirelire en précisant : "Tout métal a le pouvoir magique d'en attirer d'autres ; le papier est emporté par le vent."

Dans une autre lettre à Martha, datée du 26 août 1882, il lui demande si elle ne l'en avait pas moins aimé le... "jeudi dernier, à onze heures...". À cet instant, Freud s'était cogné la main contre une table et avait brisé son anneau de fiançailles. Au même moment, Martha mangeait du gâteau, paraît-il.

Origine des villes

Différents facteurs ont présidé à la fondation ou au développement des villes à travers l'Histoire. Voici quelques exemples :

Villes fondées au bord d'un cours d'eau (voie de communication fluviale et point de franchissement) : Angers, Bagdad, Budapest, Buenos Aires, Belgrade, Genève, Londres, Lyon, Paris, Séville.

Villes fondées sur un emplacement propice au développement d'un port : Alger, Amsterdam, Anvers, Barcelone, Beyrouth, Chicago, Gdansk, Gênes, Istanbul, Liverpool, La Havane, Hambourg, Karachi, Valparaíso.

Villes fondées ou développées pour des motifs militaires : Brest, Toulon, Ndjamena, Volgograd.

Villes développées par les activités commerciales : Bordeaux, Bruges, Lübeck, Venise.

PISSE TROIS GOUTTES

La crevette mante donne l'un des coups les plus rapides de la nature. Ce crustacé projette un appendice de quelques millimètres, en forme de massue, à 80 km/h. La massue atteint sa cible en seulement trois millièmes de seconde et la percute avec la force d'une balle de fusil. Elle casse ainsi les coquilles les plus résistantes de divers crustacés, afin de se nourrir. Les premiers intéressés sont les services de recherche de l'armée, qui espèrent ainsi pouvoir s'en inspirer afin de créer une nouvelle génération d'armure.

Villes développées par les activités industrielles : Détroit, Dortmund, Manchester, Mulhouse, Pittsburgh, Shenzhen.

Villes créées pour devenir une nouvelle capitale : Abuja, Brasilia, Canberra, Chandigarh, Islamabad, Ottawa, Saint-Pétersbourg, Washington.

Villes fondées par des conquérants ou des colons : Abidjan, Alexandrie, Arles, Bombay, Cologne, Kairouan, Le Caire, Le Cap, Marseille, Madras, Narbonne, New York, Québec, Rio de Janeiro, Pretoria, Vladivostok.

Villes développées du fait de la proximité d'une ressource naturelle : Alice Springs, Kimberley, Kiruna, Manaus, Potosi.

"Les femmes et la musique ne devraient pas être datées." [Oliver Goldsmith]

Les plus grands cratères d'impact du monde

Nom Lieu	Diamètre (km)	Âge (millions d'années)
Vredefort, Afrique du Sud	300	2 023
Sudbury, Ontario, Canada	250	1 850
Chicxulub, Yucatan, Mexique	170	65
Popigaï, Russie	100	35,7
Manicouagan, Québec, Canada	100	214
Acraman, Australie	90	590
Chesapeak Bay, Virginie, États-Unis	90	35,5
Puchezh-Katunki, Russie	80	167
Morokweng, Afrique du Sud	70	145
Kara, Russie	65	70,3

LA QUESTION DE DAME PIPI

Pourquoi les hommes portent-ils des pantalons depuis des siècles ?

Parce que les Romains n'ont pas convaincu les Gaulois de porter la tunique ! Les braies gauloises (sorte de pantalons) tenaient bien plus chaud et permettaient à ces intrépides cavaliers toutes sortes d'acrobaties.

LA CULTURE PAS CHIANTE

Le Gympie-gympie est un arbuste d'Océanie qui, quand on le touche, provoque une douleur si intense qu'elle peut amener un homme à se tuer. Le simple fait de s'approcher de l'arbuste ou de travailler à ses côtés peut irriter vos narines ou vos yeux à cause de ses minuscules poils urticants qui se détachent facilement et libèrent une puissante toxine qui se répand dans la peau. La piqûre provoque une sensation de brûlure douloureuse qui peut durer des jours, voire des mois.

LE PETIT COIN DES JEUX

Nocturne ou/et diurne ou/et crépusculaire (sort le soir et le matin) ?

1) Le castor
2) L'autruche
3) La chauve-souris
4) La chouette
5) La girafe
6) La grenouille
7) La belette

Réponses :
1) crépusculaire
2) diurne
3) nocturne
4) nocturne
5) diurne
6) nocturne ou crépusculaire
7) nocturne et diurne

"Un peuple prêt à sacrifier un peu de liberté pour un peu de sécurité ne mérite ni l'une ni l'autre, et finit par perdre les deux." [Benjamin Franklin]

LA CULTURE PAS CHIANTE

Faites la différence entre un Geek, un Nolife, un Nerd, un Technophile

Geek, parfois francisé en "guik", est un terme d'argot américain qui désigne une personne renfermée et extrêmement pointue dans un domaine précis (souvent lié aux nouvelles technologies). L'archétype classique du Geek est celui de l'adolescent passionné d'électronique, d'informatique. Cette passion s'exprime concrètement à travers de nombreuses activités, telles que le jeu de rôle, le cinéma, les séries télévisées, les jeux vidéo ou encore la programmation informatique. Les Geeks forment une communauté qui se retrouve sur Internet mais aussi dans le monde réel, et qui possède ainsi une vie sociale.

Le Nolife est celui dont la passion (généralement le jeu vidéo, en particulier le MMORPG) devient une addiction, qui occupe une part démesurée dans sa vie, et va jusqu'à être un frein pour son emploi ou ses études. Le Nolife n'entretient presque pas ou plus de relations avec le monde extérieur, et il empiétera sur ses relations sociales pour se livrer à son activité.

PISSE TROIS GOUTTES

Des satellites pour chauffer la terre

Une entreprise américaine prévoit, pour 2016, d'envoyer des satellites équipés de panneaux solaires dans l'espace pour profiter de l'énergie du Soleil et la transmettre à la Terre sous forme d'ondes.

Un Nerd est passionné et obnubilé par des sujets liés aux sciences (notamment les mathématiques, la physique et la logique) et aux techniques. Il passera le plus clair de son temps sur Internet. Associé à la figure du premier de la classe, aux cheveux gras et boutonneux, le Nerd possède une représentation stéréotypique très fortement ancrée dans l'imaginaire de chacun.

Le technophile est simplement celui qui apprécie l'usage d'un téléphone portable, d'un ordinateur, d'Internet, en bref, des nouvelles techniques.

"L'homme traverse des printemps successifs. Mais pour la femme, il est beau de ne traverser qu'un seul rêve et d'en mourir." [Peter Altenberg]

LE PETIT COIN DES LISTES

Là où passe l'homme

La plupart des espèces ont été exterminées directement (par la chasse) ou indirectement (destruction de l'habitat naturel, importation ou introduction d'espèces étrangères, ou invasives) par l'homme. Dans cette liste, ne sont pas considérés les animaux préhistoriques (dinosaures, mammouths, etc.), mais uniquement les animaux des temps historiques.

Dauphin du fleuve Yang-Tsé – éteint en 2007 (Chine)
Kangourou-rat du désert – éteint en 1936 (Australie)
Wallaby à queue cornée – éteint en 1964
Paresseux terrestre de Porto Rico – éteint vers 1500
Éléphant du Moyen-Orient – éteint vers 100 av. J.-C.
Éléphant de Chine – éteint au 15e siècle dans l'est de la Chine
Éléphant de Sicile – éteint vers 500 av. J.-C.
Âne sauvage européen – éteint au 15e siècle (Espagne)
Rhinocéros noir d'Afrique de l'Ouest – éteint en 2011
Hippopotame de Madagascar – éteint il y a moins de 500 ans
Élan du Caucase – éteint au début du 20e siècle
Loup d'Hokkaido – éteint en 1889 (île d'Hokkaido, Japon)
Loup des Falkland – éteint à la fin du 19e siècle
Lion du Cap – éteint en 1865
Lion de l'Atlas – éteint à l'état sauvage depuis 1922 (Afrique du Nord)
Tigre de Bali – éteint fin 1937
Tigre de Java – éteint dans les années 1980
Tigre de la Caspienne – éteint dans les années 1970
Ours de l'Atlas – Éteint en 1844 (Afrique du Nord)
Grizzly mexicain – probablement éteint au cours des années 1960 (Amérique du Nord)

LA QUESTION DE DAME PIPI

Pourquoi le drapeau de l'Europe comporte-t-il douze étoiles?

Le drapeau de l'Europe comprend, sur un fond bleu, douze étoiles dorées en cercle, représentant l'union des peuples d'Europe. Ce nombre d'étoiles a été faussement présenté comme le symbole des 12 premiers États membres de l'Union européenne, puisque ce drapeau existe depuis 1955. À cette époque, l'Union européenne n'existait que sous la forme de la Communauté européenne du charbon et de l'acier et n'était constituée que de six États membres. Le nombre d'étoiles est invariable.

Douze symbolise :

- la perfection et la complétude
- les 12 heures du jour et de la nuit (ce qui évoque le cadran d'une montre)
- les 12 mois de l'année
- les 12 divinités olympiennes (Dodekatheon)
- les 12 constellations du zodiaque occidental
- les 12 travaux d'Hercule (Dôdekathlos)
- la loi romaine des Douze Tables (Lex Duodecim Tabularum)
- les 12 tribus d'Israël
- les 12 apôtres
- les 12 étoiles de Marie inspirées de la Bible

LE PETIT COIN DES JEUX

Dans une auberge de jeunesse, il y a trois dortoirs.
Un dortoir héberge 20 filles, il est étiqueté "filles".
Un dortoir héberge 20 garçons, il est étiqueté "garçons".
Un dortoir héberge 10 filles et 10 garçons, il est étiqueté "couples".
Un plaisantin passe par là et change les étiquettes des dortoirs de sorte que chaque dortoir est mal étiqueté. En tant que responsable de la morale et de la vertu de cette auberge, vous souhaitez remettre les étiquettes à leur place. Pour cela, vous pouvez frapper à la porte de chaque dortoir. Une personne vient vous ouvrir, puis va se recoucher. Vous pouvez renouveler l'opération aussi souvent que vous le désirez, sachant qu'une personne d'un dortoir qui s'est déjà levée ne se lèvera plus à nouveau !
Combien faut-il réveiller de personnes au minimum pour remettre les étiquettes en place ?

Réponse : Les chambres étant toutes mal étiquetées, je choisis par exemple la chambre étiquetée couples. Si je tombe sur un garçon, c'est forcément la chambre des garçons. La chambre où il est écrit filles est alors forcément la chambre couples, et la dernière chambre est celle des couples.
Il suffit donc de réveiller une seule personne !

"La politique est dégueulasse, parce que les hommes qui la font la rendent dégueulasse." [Michel Rocard]

Jeux de mots

Un acrostiche : poème dans lequel les lettres ou les mots initiaux de chaque vers composent un mot.

Un allographe : suite de lettres qui n'a de sens que si celles-ci sont prononcées l'une après l'autre ; exemple : *L.H.O.O.Q.*, œuvre de Marcel Duchamp.

Un ambigramme : mot qui, par un jeu de symétrie (centrale, horizontale ou verticale), soit se transformera en un autre mot, soit gardera son apparence ; exemple : "suissesse", qui retourné à 180° donne "assassins", "NON", qui retourné à 180° se lit toujours "NON".

Un anacyclique : mot pouvant être lu de droite à gauche (avec un sens différent) ; par exemple : Noël - Léon, tracé – écart.

Une anagramme : permutations de lettres qui forment un nouveau mot ; par exemple : Boris Vian donne Bison ravi.

Une antonomase : nom propre utilisé comme nom commun ; par exemple : Watt, Ampère, don Juan, Tartuffe.

Une auto-traduction : nom qui, décomposé en deux termes, donne la traduction du premier dans une autre langue ; par exemple : Aubergine→Auberge (fr) Inn (en), Waterloo→water (nl ou en) l'eau (fr).

Un bigramme : construction de deux mots à partir des lettres d'un seul, en n'utilisant qu'une seule fois chaque lettre mais en les utilisant toutes ; par exemple : Réa donne ré + à (il n'est pas tenu compte des accents).

Une boutade : mot d'esprit, plaisanterie originale ou qui joue sur le paradoxe ; par exemple : "Mon Dieu, Mon Dieu, délivrez-nous de toutes les religions."

Une cacographie : orthographe fautive ou mauvais style.

Un cadavre exquis : jeu visant à ajouter des mots au fur à mesure, sans voir ceux qui sont déjà écrits, jusqu'à former une phrase surréaliste.

JEUX DE MOTS

Un calembour : jeu de mots qui se fonde sur l'homonymie (mots qui se prononcent de la même façon) ou la polysémie (mot ayant plusieurs sens) ; par exemple : "Demandez nos exquis mots !"

Une charade : "Mon premier est un animal, mon second est un abri, mon tout est un jeu de mots" ; réponse : chat + rade = charade.

Une contrepèterie : phrase qui change de sens, après permutation de lettres ou groupes de lettres ou phonèmes.

Duomots : mots formés de deux mots de même sens ; par exemple : Bourvil (bourg + ville).

Un dingbat : rébus graphique ; par exemple : NUATETEGES = La tête dans les nuages.

Un faux proverbe : pastiche limité à une formule courte, imitant un proverbe ; par exemple : "Femme au volant, mort au tournant."

Une homéotéleute : répartition d'un même son à la fin d'une phrase ou des membres d'une phrase ; exemples : miraculeuse donne merveilleuse, étonnante donne surprenante.

Une homophonie, mots ou groupe de mots donnant le même son ; par exemple : père et paire.

Un lipogramme : texte qui n'utilise pas certaines lettres ; par exemple, *La Disparition* : roman amusant, qu'on lira par pur plaisir ou par goût du bon mot (cette œuvre de comprend jamais la lettre e).

Un mot-valise : mot imaginaire formé à partir de deux mots ; par exemple : Goldorak + Chirac donne Goldochirac.

Un néologisme : personnalisation d'une expression ; par exemple : "myspacien".

Un palindrome : mot ou phrase qui peut aussi se lire de droite à gauche. "Engage le jeu que je le gagne."

Un pangramme : phrase comportant toutes les lettres de l'alphabet ; par exemple : "Portez ce vieux whisky au juge blond qui fume."

Une paronymie : association de deux expressions par ressemblance sonore ; par exemple : "Les touches t'y aident" (les douches tièdes) (Boby Lapointe).

Un poème holorime, cas particulier de l'homophonie : vers qui ont une prononciation identique ; par exemple : "Par les bois du Djinn, où s'entasse de l'effroi, parle et bois du gin !... ou cent tasses de lait froid" (Alphonse Allais).

Une polysémie : mot ou expression qui a deux voire plusieurs sens différents, sans homonymie, c'est-à-dire que le concept de base reste identique ; par exemple : blanc peut exprimer la couleur, l'espace, le vin, la viande, la couleur de peau.

Un rébus : suite ou combinaison d'éléments graphiques dont l'interprétation, généralement phonétique, produit un énoncé (phrase, mot, expression, etc.). C'est l'équivalent graphique de la charade.

Un rétroacronyme : interprétation d'un mot comme un acronyme, alors que ce n'en est pas un à l'origine ; par exemple : PTT = Petit Travail Tranquille.

Un shiritori : jeu japonais dans lequel les joueurs doivent dire un mot qui commence avec le dernier kana (idéogramme) du mot précédemment cité. En français, on utilise la ou les dernières syllabes ; par exemple : seulement→mentir→tiraillé , etc.

Un trompe-oreilles : phrase difficile à comprendre qui donne l'impression d'être en langue étrangère ou d'avoir une autre signification ; par exemple : mur usé, trou s'y fait, rat s'y met.

Toc toc toc ! : blagues commençant par toc toc toc et jouant sur le nom de la personne qui est censée frapper à la porte ; par exemple : "Toc toc toc ! – Qui est là ? – Sheila. – Sheila qui ? – Sheila lutte finale..."

Un virelangue : phrase difficile à prononcer ; par exemple : "Les chaussettes de l'archiduchesse sont-elles sèches, archisèches ?"

JEUX DE MOTS

Les plus grandes statues du monde

La hauteur retenue est celle de la sculpture à laquelle peut s'ajouter un élément décoratif de pied ; les socles maçonnés ne sont pas comptabilisés. À titre comparatif, la statue de la Liberté (New York, États-Unis) n'est que de 46 mètres.

1. Bouddha du Temple du Printemps, Chine : 128 m
2. Laykyun Setkyar, Bouddha, Myanmar : 116 m
3. Ushiku Daibutsu, Bouddha, Japon : 110 m
4. Guanyin, déesse marine, Chine : 108 m
5. Empereurs Yan et Huang, Chine : 106 m
6. Daikannon de Sendai, la déesse Kannon, Japon : 100 m
7. Guishan Guanyin aux mille mains et aux mille yeux, Chine : 99 m
8. Pierre le Grand, Russie : 96 m
9. Grand Bouddha, Thaïlande : 92 m
10. Grand Bouddha, Chine : 88 m

Trop de pression !

10^{-14} bars : la pression atmosphérique sur la Lune. La pression typique d'un son dans l'eau.

0,001 bar : le seuil de la douleur. Les sons au-dessus de cette amplitude sont insupportables et peuvent causer une douleur auditive ; une exposition prolongée peut conduire à une perte de l'audition.

0,0061 bar : la pression atmosphérique moyenne sur Mars.

0,01 bar : 1 % de la pression atmosphérique au niveau de la mer sur Terre.

De 1,8 à 2,5 bars : la pression dans un pneumatique de voiture.

De 4,07 à 6,07 bars : la pression dans une bouteille de champagne.

120 bars : la pression exercée par une femme de 60 kg portant des talons aiguille.

200 bars : la pression d'une bouteille de plongée en aluminium.

1 000 bars : la pression au fond de la fosse des Mariannes, environ 10 km sous la surface de l'océan.

3,8 millions de bars : la pression au centre de la Terre.

$5{,}3\times10^{9}$ bars : la pression à l'intérieur d'une bombe nucléaire de type Ivy Mike.

$6{,}4\times10^{10}$ bars : la pression à l'intérieur de la détonation d'un missile W80.

$3{,}5\times10^{11}$ bars : la pression à l'intérieur du noyau du Soleil.

TIREZ LA CHASSE

Tous les ans, en France, environ 1,3 million de chasseurs tuent 50 millions d'animaux et dispersent du plomb, qui est très toxique, dans la nature : environ 6 000 tonnes !

LE PETIT COIN DES JEUX

Trouver la suite de : U, D, T, Q, C, … ?
Trouver la suite de : 0, 2, 5, 7, 8, 9, 11, … ?

Réponses : S car Un, Deux, Trois, Quatre, Cinq, Six.
100 car ce sont les nombres ayant quatre lettres : zéro, deux, cinq, sept, huit, onze, cent.

On veut cuire un œuf en EXACTEMENT 15 minutes.
Vous disposez de deux sabliers :

un de 7 minutes
et un autre de 11.
Comment faire ?

Réponse : on retourne les deux sabliers A et B en même temps. Après
7 min (quand A est vide), on met l'œuf à cuire (il reste 4 min dans le B).
4 min après, on retourne B pour 11 min.
4 min + 11 min = 15 min.

"Ne jamais faire confiance à un mari quand il est loin ni à un célibataire quand il est près." [Helen Rowland]

La tour hantée

La tour de Londres est une forteresse historique située sur la rive nord de la Tamise, à Londres, en Angleterre.
La tour Blanche (White Tower), qui donna son nom à l'ensemble du château, fut construite par Guillaume le Conquérant, en 1078.
Le château fut utilisé comme prison jusqu'au 19e siècle et durant les deux guerres mondiales.
On raconte que la tour est hantée par les prisonniers qui y furent torturés ou exécutés.

Les personnalités emprisonnées :

- ♦ De 1356 à 1360, Jean le Bon, roi de France.
- ♦ De 1415 à 1427, Charles d'Orléans (le père de Louis XII).
- ♦ De 1466 à 1471, Henri VI, mari de Marguerite d'Anjou.
- ♦ En 1477, le duc de Clarence (qui fut exécuté).
- ♦ En 1536, Anne Boleyn, deuxième épouse d'Henri VIII, fut décapitée.

LES CONSEILS DE DAME PIPI

Vous avez la peau sèche ?

Pour retrouver une peau douce, rien de mieux qu'un masque à l'avocat. En effet, ce fruit regorge d'acides gras, qui nourrissent la peau. Il contient également des antioxydants, pour aider le corps à lutter contre le vieillissement, et du cuivre, pour la réparation des tissus.
Préparation du masque : mélangez la chair d'un avocat avec un peu d'huile d'olive ou d'huile d'amande douce. Appliquez ce mélange une demi-heure sur une peau bien nettoyée. Rincez ensuite à l'eau tiède.

♦ En 1542, c'est au tour de Catherine Howard, la cinquième épouse d'Henri VIII, de subir le même sort.

♦ En 1554, Jane Grey, concurrente au trône d'Élisabeth Ire, a été décapitée à l'âge de 17 ans.

♦ En 1601, Robert Devereux, comte d'Essex, est décapité.

♦ En 1941, Rudolf Hess (adjoint d'Adolf Hitler) y fut enfermé après un saut en parachute sur Londres. Mais son séjour y fut très court.

"Il y a toujours quelque chose en nous que l'âge ne mûrit pas." [Jacques-Bénigne Bossuet]

Les matchs de foot et le poulpe

Paul le poulpe ou Paul la pieuvre, né en 2008, à Weymouth (Angleterre), prédisait les résultats des matchs de football. L'animal se prononçait sur le gagnant en choisissant de la nourriture placée dans une boîte en Plexiglas aux couleurs des équipes. Mais la durée de vie d'un poulpe n'est que de 2 à 3 ans, et il est décédé en 2010.

Euro 2008

Gagnants	Perdants	Correcte
Allemagne	Pologne	Oui
Allemagne	Croatie	Non
Allemagne	Autriche	Oui
Allemagne	Portugal	Oui
Allemagne	Turquie	Oui
Allemagne	Espagne	Non

Coupe du monde de 2010

Gagnants	Perdants	Correcte
Allemagne	Australie	Oui
Serbie	Allemagne	Oui
Allemagne	Ghana	Oui
Allemagne	Angleterre	Oui
Allemagne	Argentine	Oui
Espagne	Allemagne	Oui
Allemagne	Uruguay	Oui
Allemagne	Pays-Bas	Oui

LES POTINS DE DAME PIPI

Ironie du sort

La nitroglycérine, ce composé chimique explosif et hautement toxique, est utilisée dans la fabrication d'explosifs, et plus particulièrement de la dynamite, dont on se sert dans les industries de construction et de démolition. Le processus de fabrication industrielle a été élaboré par Alfred Nobel, dans les années 1860. Malheureusement pour ce dernier, les propriétés médicales de la nytroglycérine ne furent découvertes que très récemment (2002).
En effet, l'inventeur de la dynamite, qui souffrait d'une cardiopathie, aurait pu être soigné avec ce produit qu'il employait constamment à un tout autre usage.
Ce produit est aujourd'hui utilisé en médecine comme vasodilatateur.

LE PETIT COIN DES JEUX

1. Sur les ondes de quelle radio Éric et Ramzy se sont-ils fait connaître ?

a) Skyrock
b) Fun Radio

2. En 2003, Kad et Olivier sont les acteurs principaux du film policier...

a) L'Enquête corse
b) Qui a tué Pamela Rose ?

3. Qui interprète Tata Suzanne dans le "SAV des émissions" : Omar ou Fred ?

a) Omar
b) Fred

Réponses : 1a - 2b - 3b

"La meilleure manière de prendre les choses du bon côté, c'est d'attendre qu'elles se retournent." [P. Ouanich]

Bouches de vérité

Les « bouches de dénonciation », encore appelées "bouches de vérité" ou "bouches de lion", étaient souvent considérées comme les premières boîtes aux lettres publiques. Elles étaient destinées à recevoir des dénonciations secrètes au bénéfice de l'État en matière fiscale ou de santé.
En 1653, des boîtes aux lettres publiques sont installées à Paris. Elles ne servaient que pour la ville. Ce service sera abandonné (les nobles et les bourgeois utilisant leurs domestiques ou des coursiers privés pour faire parvenir les missives), puis repris et développé, en 1760.
Depuis, elles se sont généralisées. Dans de nombreux pays, l'emplacement et les dimensions de la boîte aux lettres sont réglementés. Chaque pays possède sa propre couleur.
Nombre de documents acheminés dans l'année : (chiffres 2010)
Adressés : 16 milliards.
Non adressés : 10 milliards (dont 9,5 milliards d'imprimés publicitaires).
Au total, plus de 26 milliards de documents ont été acheminés et distribués en une année par le Groupe La Poste.
86 millions de courriers (adressés et imprimés publicitaires), de journaux et de colis ont été distribués quotidiennement par les facteurs, les porteurs de Neopress et les distributeurs de Mediapost.
90 % des volumes de courrier ont été émis par les entreprises.

LES POTINS DE DAME PIPI

Le Top 10 des scènes de ménage

L'argent : 74 %
La famille/belle-famille : 61 %
Les tâches ménagères : 55 %
Les enfants : 43 %
Le travail : 36 %
Les sorties : 28 %
Les amis : 22 %
Les animaux domestiques : 19 %
La perte de poids : 17 %
Les vacances : 11 %

LE PETIT COIN DES JEUX

1. Comment s'appelait, à l'origine, l'émission "Les Guignols de l'info" ?

a) Les Arènes de l'info
b) Les Marionnettes de l'info
c) Les Scoops de l'info

2. Quelle actrice a été révélée par la série "Les Deschiens" ?

a) Chantal Lauby
b) Louise Bourgoin
c) Yolande Moreau

3. Ma mise en scène est unique dans le paysage cinématographique américain. J'ai relancé la carrrière de John Travolta, en 1994. Qui suis-je ?

a) Steven Soderberg
b) Brian De Palma
c) Quentin Tarantino

Réponses : 1a - 2c - 3c

"On s'aperçoit qu'on est devenu un spécialiste quand les choses dont on parle avec plaisir ennuient les autres." [Gilbert Cesbron]

LA QUESTION DE DAME PIPI

Saviez-vous que la plante la plus meurtrière est le ricin ? L'huile de ricin sert pour la fabrication des savons, des peintures, des lubrifiants, des engrais ou en médecine. Mais l'ingestion de cette plante est mortelle. Elle produit une toxine 6 000 fois plus virulente que le cyanure.

LES ASTUCES DE DAME PIPI

Pour faire disparaître les boutons

Le soir, après avoir nettoyé votre peau, appliquez une couche de dentifrice épaisse à l'aide d'un Coton-Tige sur vos boutons. Au bout de 3-4 jours, ils auront disparu.

"La femme dans notre société contemporaine n'est pas moins volage que l'homme. Elle est simplement plus discrète..." [Helen Fischer]

Les comédies musicales

En 1285, un trouvère décrit un jeu qui a toutes les caractéristiques de la comédie musicale : "C'est une petite pièce théâtrale à thème amoureux, où les acteurs improvisent et s'expriment en chantant, dansant et mimant leurs sentiments. Un ménestrel, une noble dame et un chevalier sont les héros de ce 'jeu du chapelet' ou 'couronne de fleurs'".
L'appellation comédie musicale (*commedia musicale*) est apparue a priori, pour la première fois, au 18e siècle, en Italie.
Contrairement à la France, le succès d'une comédie musicale aux États-Unis et au Royaume-Uni se juge à sa durée. Un spectacle musical qui effectue une tournée en France restera quelques jours dans chaque ville, alors que, dans les pays anglo-saxons, les comédies musicales peuvent rester plusieurs mois dans la même ville. *Les Misérables* détient ainsi le record absolu, avec 21 années consécutives à l'affiche, de 1985 à 2006.

Les comédies musicales célèbres :

Anglo-saxonnes

West Side Story

Phantom of the Opera

Grease

Chicago

Hair

Cabaret

Cats

The Rocky Horror Show

Rent

Wicked

Francophones

Émilie Jolie

Notre-Dame de Paris

Le Roi-Soleil

Starmania

Les Dix Commandements

Autant en emporte le vent

Les Demoiselles de Rochefort

Les Misérables

Mozart, l'opéra rock

LE PETIT COIN DES JEUX

1. Quel physicien français est connu pour avoir démontré, grâce à un pendule, la rotation de la Terre autour de son axe ?

a) Hippolyte Fizeau

b) Émile Clapeyron

c) Léon Foucault

2) Au 19e siècle, de quel grand fleuve africain David Livingstone consacra-t-il une partie de sa vie à rechercher la source ?

a. La Zambèze

b. Le Nil

c. Le Congo

Réponses : 1c - 2b

LES ASTUCES DE DAME PIPI

Vous n'avez pas de balance ?

Une cuillerée à café :

farine = +/– 3 grammes
sucre = +/– 4 grammes
eau = +/– 5 grammes
lait = +/– 5 grammes
huile = +/– 4,5 grammes

Une cuillerée à soupe :

farine = +/– 10 grammes
sucre = +/– 15 grammes
eau = +/– 18 grammes
lait = +/– 18 grammes
huile = +/– 16 grammes

Un verre de 25 cl :

farine = +/– 135 grammes
sucre = +/– 225 grammes
eau = +/– 250 grammes
lait = +/– 255 grammes
huile = +/– 225 grammes
beurre = +/– 210 grammes

“Il faut choisir dans la vie entre gagner de l'argent et le dépenser : on n'a pas le temps de faire les deux.” [Édouard Bourdet]

Les fous du volant

Les pilotes de Formule 1 par nombre de victoires en Grand Prix :

91 victoires (Allemagne) : Michael Schumacher (1991-2006 et 2010-2012), en 307 courses.

51 victoires (France) : Alain Prost (1980-1993), en 199 courses.

41 victoires (Brésil) : Ayrton Senna (1984-1994), en 161 courses.

31 victoires (Royaume-Uni) : Nigel Mansell (1980-1995), en 187 courses.

30 victoires (Espagne) : Fernando Alonso (2001-2012), en 198 courses.

27 victoires (Royaume-Uni) : Jackie Stewart (1965-1973), en 99 courses.

26 victoires (Allemagne) : Sebastian Vettel (2007-2012), en 101 courses.

25 victoires (Royaume-Uni) : Jim Clark (1960-1968), en 72 courses.

25 victoires (Autriche) : Niki Lauda (1971-1985), en 171 courses.

24 victoires (Argentine) : Juan Manuel Fangio (1950-1958), en 51 courses.

23 victoires (Brésil) : Nelson Piquet (1978-1991), en 204 courses.

22 victoires (Royaume-Uni) : Damon Hill (1992-1999), en 119 courses.

Les QI des chiens

En fonction de leur race, mais aussi de leur lignage, les chiens peuvent présenter plus ou moins d'aptitudes à apprendre, à résoudre, à travailler, ou à obéir.

Selon les écoles canines, les petits génies sont :

Border Collie
Berger australien
Border terrier
Caniche
Berger allemand
Labrador
Golden retriever
Rottweiller
Doberman

Les sous-doués sont :

Shi tzu
Basset hound
Mastiff
Beagle
Pékinois
Barzoï
Papillon
Chow chow
Lévrier afghan
Dalmatien

TIREZ LA CHASSE

La malédiction de l'or noir

Depuis cinquante ans, et dans le plus grand silence, le pétrole brut se déverse en flots continus et pollue le delta du Niger. C'est l'une des plus grandes catastrophes écologiques au monde. Cette marée noire perpétuelle a commencé en 1956 quand Shell, la compagnie historique, ouvrait son premier puits à Oloibiri. On estime à 40 000 tonnes de pétrole brut qui se déversent chaque année sur les terres du Nigeria. Soit l'équivalent de deux Erika par an.

LES BLAGUES DE DAME PIPI

Un homme accepte d'habiter avec sa copine. Mais à certaines conditions.

– Tout d'abord, je rentrerai à la maison si je le veux et à l'heure que je veux. Je veux aussi qu'il y ait un bon repas sur la table en une demi-heure quand j'arrive. Je ne veux aucune discussion quand je m'en vais pêcher, chasser, boire un coup ou voir un match de foot avec les copains. Tu es d'accord ?

Alors la jeune mariée lui répond :

– Pas de problème, c'est d'accord pour moi. J'aurai juste une seule règle à édicter, quant à moi : tous les soirs, à 21 heures, il y aura du sexe à la maison, que tu sois là ou pas…Tu es d'accord ?

“Impossible de vous dire mon âge, il change tout le temps.” [Alphonse Allais]

PISSE TROIS GOUTTES

Le saviez-vous ?

Reykjavik (Islande), Wellington (Nouvelle-Zélande) et La Paz (Bolivie) sont respectivement les capitales situées le plus au nord, le plus au sud et le plus en altitude.

LES ASTUCES DE DAME PIPI

Lorsque votre savon est presque fini, il devient délicat de se laver avec car celui-ci est devenu trop petit et glisse partout. Ne le jetez pas, mais plongez-le dans un flacon de gel douche vide auquel vous ajouterez de l'eau très chaude (afin de faciliter la dissolution du savon). Refermez le flacon et secouez. Attention à ne pas mettre trop d'eau, afin que le savon ne soit pas trop liquide.

“En Angleterre, un homme accusé de bigamie est sauvé par son avocat, qui démontre que son client avait trois femmes.” [Georg Christoph Lichtenberg]

Les ouvrages d'art

Les ponts font partie de la famille des ouvrages d'art, et leur construction relève du domaine du génie civil.
Ces ponts sont remarquables en raison de leurs caractéristiques dimensionnelles ou de leur intérêt architectural ou historique.
Le plus long : Danyang-Kunshan, en Chine, 164,8 km.
Le plus long maritime : pont Haiwan, en Chine, 41,85 km.
Le plus grand : le viaduc de Millau, en France, 245 mètres de hauteur.
Le plus haut : le pont Siduhe, en Chine, avec 496 mètres de hauteur entre le niveau de la route et le fond de la vallée.
Le plus long pont suspendu : le pont du détroit d'Akashi, au Japon, possède la plus grande portée jamais construite, soit 1 991 mètres.
Le plus large : le nouveau pont est du Bay Bridge détiendra, en septembre 2013, le tablier le plus large au monde, avec 77,8 mètres et 10 voies de circulation sur la baie de San Francisco, en Californie.
Le plus de voies de circulation : le George Washington Bridge (1931), au nord de New York, supporte 14 voies de circulation sur deux niveaux.
Le plus ancien pont connu au monde : le pont mycénien de Kazarma (1300 av. J.-C., en Grèce).

LES CONSEILS DE DAME PIPI

Choisissez le mois et le jour de votre mariage

Janvier : la mariée sera veuve très jeune.

Février : risque de trahison commune.

Mars : deux solitudes qui ne se rencontreront jamais.

Avril : les époux vivront très longtemps ensemble.

Mai : mauvais présage, c'est un mois dédié aux morts par les Romains.

Juin : le plus favorable, les époux seront sous les auspices de Junon et vivront heureux.

Juillet : les regrets s'installeront rapidement.

Août : les conjoints seront entourés d'amis fidèles.

Septembre : vie paisible et sereine.

Octobre : le couple sera sujet à des ennuis financiers.

Novembre : sous le signe de la fortune.

Décembre : cet amour grandira jusqu'à la fin.

Lundi : journée bénéfique, apporte la fortune.

Mardi : journée bénéfique, apporte la santé.

Mercredi : pas très bon car la nuit de noces se terminera un jeudi.

Jeudi : journée la plus malchanceuse, c'est le jour des fées et l'homme marié sera vite cocu.

Vendredi : porte malchance.

Samedi et dimanche : ne présagent rien de bon.

"Face au chômage, la solution de la sagesse, c'est que les travailleurs travaillent moins." [Pierre Mauroy]

Médecines alternatives

♦ **L'aromathérapie** utilise des extraits aromatiques de plantes (essences et huiles essentielles).

♦ **La phytothérapie** fait usage de l'ensemble des éléments d'une plante.

♦ **La chiropratique** consiste à pratiquer des manipulations aux régions cervicale, dorsale et lombaire et sur d'autres parties du corps, afin d'ajuster les vertèbres, de dégager les blocages et de rétablir l'équilibre physiologique.

♦ **L'hypnothérapie :** utilisation de l'hypnose à des fins thérapeutiques.

♦ **L'iridologie :** technique de diagnostic et de prévention fondée sur l'examen minutieux de l'iris.

♦ **La kinésiologie :** étudie et utilise les mouvements à des fins de prévention, de traitement et de performance.

♦ **La naturopathie :** vise à équilibrer le fonctionnement de l'organisme par des moyens jugés "naturels" : régime alimentaire, hygiène de vie, phytothérapie, massages, exercices, etc.

♦ **L'olfactothérapie :** utilise les odeurs de certaines huiles essentielles.

♦ **Luminothérapie-photothérapie :** utilise la lumière.

♦ **Chromothérapie :** thérapie par les couleurs.

♦ **Art-thérapie :** pratiquer des activités artistiques dans un dessein thérapeutique.

Les Oscars, reflets de la société

Plusieurs événements ont marqué l'histoire des cérémonies, participant à sa notoriété :

1940 (12e cérémonie) : Hattie McDaniel est la première personne noire à remporter un Oscar. Il s'agit de l'Oscar du meilleur second rôle féminin pour *Autant en emporte le vent*. Le film est également le premier film en couleurs à remporter le trophée du meilleur film.

1948 (20e cérémonie) : les studios américains, agacés par la présence d'étrangers parmi les nommés, arrêtent momentanément de financer la cérémonie.

1949 (21e cérémonie) : *Hamlet*, de Laurence Olivier, est le premier long métrage non américain (et la première œuvre britannique et européenne) à remporter l'Oscar du meilleur film. Laurence Olivier obtient par la même occasion l'Oscar du meilleur acteur.

1959 (31e cérémonie) : aucun communiste n'est autorisé à recevoir un Oscar.

1964 (36e cérémonie) : Sidney Poitier est le premier comédien noir américain à recevoir l'Oscar du meilleur acteur, pour *Le Lys des champs*.

1968 (40e cérémonie) : en hommage à Martin Luther King, assassiné quelques jours auparavant, la cérémonie est retardée de deux jours.

1968 (40e cérémonie) : la cérémonie est retransmise pour la première fois dans le monde à la télévision.

1972 (44e cérémonie) : de nombreuses stars refusent de remettre l'Oscar du meilleur réalisateur, en signe de désaccord avec la nomination de Stanley Kubrick pour *Orange mécanique*, jugé trop violent.

1973 (45e cérémonie) : Marlon Brando refuse sa récompense pour sa prestation dans *Le Parrain* et envoie à sa place une jeune Indienne afin de dénoncer le rôle réservé aux Indiens d'Amérique du Nord dans les films américains.

1977 (49e cérémonie) : Lina Wertmüller est la première femme nommée à l'Oscar de la meilleure mise en scène, pour *Pasqualino Settebellezze*.

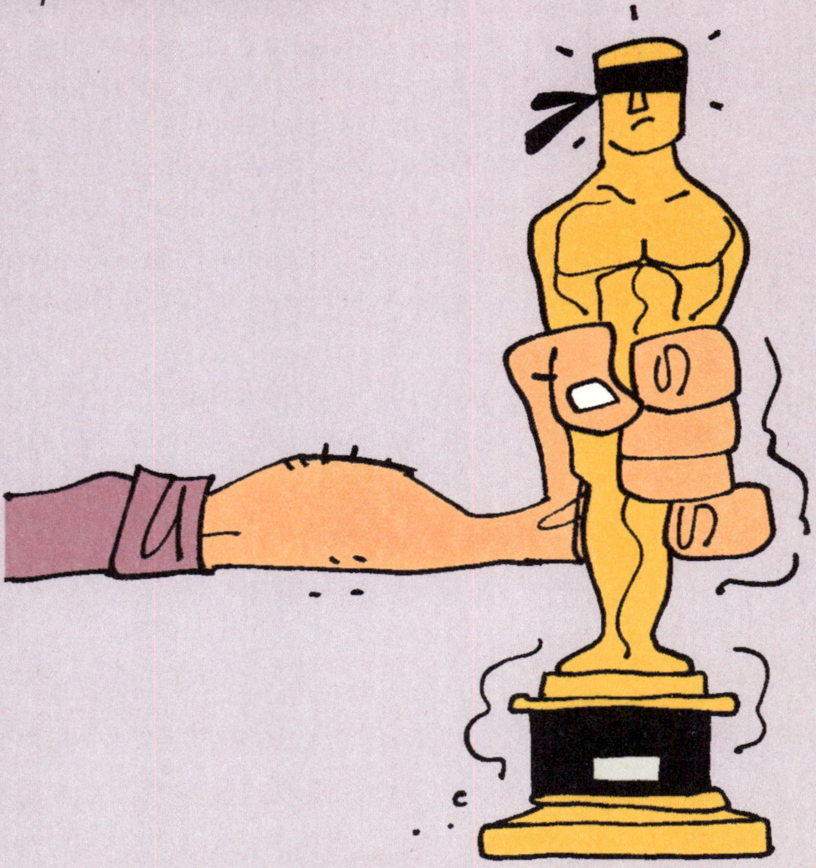

1978 (50e cérémonie) : dans son discours de remerciements pour recevoir l'Oscar du meilleur second rôle, la comédienne Vanessa Redgrave, connue pour ses sympathies à l'égard de la cause palestinienne, s'en prend violemment au sionisme et aux associations pro-israéliennes qui avaient appelé à boycotter la cérémonie à la suite de l'annonce de sa présence. Devant le bâtiment où se déroule la soirée éclate une manifestation mêlant pro et anti-Palestiniens. L'actrice est huée par une partie de l'assistance.

1999 (71e cérémonie) : craignant d'être sifflé à cause de son attitude pendant le maccarthysme, Elia Kazan arrive sur scène entouré de Robert De Niro et de Martin Scorsese pour recevoir un Oscar d'honneur. Une partie de l'assistance lui réserve une standing ovation alors que l'autre reste assise sans applaudir. Elia Kazan a participé à la chasse aux sorcières, en dénonçant les gens du cinéma (dont certains de ses amis) appartenant à la gauche auprès de la commission des activités anti-américaines.

2002 (74e cérémonie) : Halle Berry est la première femme noire à remporter l'Oscar de la meilleure actrice pour le film *À l'ombre de la haine*.

2003 (75e cérémonie) : la cérémonie se déroule dans un climat particulier, la guerre d'Irak ayant été lancée, le 20 mars 2003. Michael Moore, Oscar du meilleur documentaire pour *Bowling for Columbine*, invective le président d'alors, George W. Bush, dans son discours de remerciements.

"L'école : une serre où l'on apprend aussi la cruauté et la bêtise des autres." [Alice Parizeau]

LES POTINS DE DAME PIPI

Le saviez-vous ?

Au 17e siècle existait encore l'idée qu'un organisme adulte se transformait en un autre organisme adulte. On pensait, par exemple, que des crustacés pouvaient se transformer en canards ; ou encore, qu'il existait des arbres dont les feuilles se transformaient en poissons quand elles tombaient dans l'eau, ou en chauves-souris quand elles étaient entraînées par le vent.

LE PETIT COIN DES JEUX

1. En 1892, quel fruit le botaniste Louis Charles Trabut obtient-il en croisant un mandarinier avec un bigaradier ?

a) La clémentine
b) La poire
c) Le citron

2. En 1885, contre quelle maladie le jeune Joseph Meister est-il le premier homme à être vacciné par Louis Pasteur ?

a) La rougeole
b) La rage
c) La rubéole

3. Quel médecin allemand, parfois considéré comme philosophe, est l'un des grands pionniers de la psychanalyse ?

a) Otto Rank
b) Sigmund Freud
c) Alfred Adler

Réponses : 1a - 2b - 3b

Les expressions de nos régions

Il a des yeux de gobi : il est niais (le gobi est un poisson). – Sud.

T'as bien crouillé la porte ? : t'as bien fermé la porte à clé ? – Mayenne.

Elle nous fait encore des petits pieds : elle est encore enceinte. – Normandie.

Ça sera un mouniou : ça sera un petit garçon. – Bourgogne.

Tu veux bien passer la wassingue ? : tu veux bien passer la serpillère ? – Nord.

Une voiture m'a spritzé : une voiture m'a éclaboussé. – Lorraine.

Tu me files un schlouk ? : Tu me passes une gorgée ? – Lorraine.

Mais qu'est-ce que tu bouines ? : mais qu'est-ce que tu fais ? – Loire-Atlantique.

Je vous mets vos courses dans un pochon ? : je vous mets vos courses dans un sac en plastique ? – Charente, Limousin, etc.

Tu n'es qu'un bambane : tu n'es qu'un paresseux. – Lyon.

Je t'ai vu, tu frouilles : je t'ai vu, tu triches. – Rhône-Alpes.

J'ai été enfondu par un agadiau : je suis trempé jusqu'aux os à cause d'un orage. – Centre.

Il est totalement calu : il est totalement fou. – Sud.

Je me suis chivadé : je suis tombé. – Auvergne.

On était esquiché dans le métro : on était serré dans le métro. – Sud.

C'est le craillon ici : c'est en désordre ici. – Limousin.

Tu vas la drailler : tu vas la casser. – Bretagne.

Ça fugnotte ici : ça sent pas bon ici. – Franche-Comté.

J'ME SUIS AAAAARGH ...
?!
KESKI RACONTE, L'PARIGOT ?!

Séries les plus téléchargées

Le Top 10 des séries les plus téléchargées, en 2012, sur le réseau BitTorrent :

1. Game of Thrones
4 280 000 téléchargements contre 4 200 000 téléspectateurs.

2. Dexter
3 850 000 téléchargements contre 2 750 000 téléspectateurs.

3. The Big Bang Theory
3 200 000 téléchargements contre 15 820 000 téléspectateurs.

4. How I Met Your Mother
2 960 000 téléchargements contre 10 140 000 téléspectateurs.

5. Breaking Bad
2 580 000 téléchargements contre 2 980 000 téléspectateurs.

6. The Walking Dead
2 550 000 téléchargements contre 10 870 000 téléspectateurs.

7. Homeland
2 400 000 téléchargements contre 2 360 000 téléspectateurs.

8. House
2 340 000 téléchargements contre 9 780 000 téléspectateurs.

9. Fringe
2 280 000 téléchargements contre 3 120 000 téléspectateurs.

10. Revolution
2 130 000 téléchargements contre 11 650 000 téléspectateurs.

Calmer les rhumatismes avec de l'avoine

L'avoine contient du silicium végétal et des polyphénols aux propriétés anti-inflammatoires, ce qui aide à calmer ces affections douloureuses des articulations. Selon plusieurs études, l'avoine empêcherait aussi la fabrication de certaines hormones qui agissent dans la réaction inflammatoire.

Le conseil du Dr Dominique-Jean Sayous, médecin homéopathe : le bain d'avoine.

Chaque jour, jusqu'à amélioration des symptômes, faites macérer 150 g d'avoine dans 3 litres d'eau pendant une heure. Faites bouillir pendant dix minutes. Ensuite, filtrez et versez dans votre baignoire.

"C'est très reposant d'être sourd. On ne vous dit que l'essentiel." [Sacha Guitry]

PISSE TROIS GOUTTES

Le vibromasseur

Depuis l'Antiquité jusqu'au début du 20e siècle, les médecins soignaient les femmes hystériques par des frottements pelviens. Pour éviter que les médecins ne se fatiguent à masturber leurs patientes, des objets électriques furent inventés. Le vibromasseur va devenir, entre 1880 et 1950, le cinquième appareil électrifié au monde, notamment après la machine à laver, le fer à friser et le téléphone. En 1900, aux États-Unis, il n'est plus destiné aux cabinets médicaux mais commence à se vendre par correspondance, dans le catalogue *Bien-Être de la ménagère*.

LE PETIT COIN DES JEUX

1. Trouvez l'intrus

a) Un âne bâté
b) Un bon violon
c) Une triple buse
d) Une mouche du coche

2. Trouvez l'intrus

a) Marron
b) Pain
c) Châtaigne
d) Banane

Réponses : 1d (faire la mouche du coche signifie s'agiter beaucoup et vainement. Les autres expressions signifient stupide, imbécile) - 2d (marron, pain et châtaigne sont synonymes de « coup »).

"Il est plus facile de proclamer l'égalité que de la réaliser." [Édouard Herriot]

Le Top 10 des plus grands producteurs de pétrole du monde

Un baril = 159 litres de pétrole brut

L'Arabie saoudite, avec plus de 9 millions de barils par jour.
La Russie, avec près de 9 millions de barils par jour.
Les États-Unis, avec plus de 7 millions de barils par jour.
L'Iran, avec près de 4 millions de barils par jour.
Le Mexique, avec plus de 3 millions de barils par jour.
La Chine, avec plus de 3 millions de barils par jour.
Le Canada, avec plus de 3 millions de barils par jour.
La Norvège, avec plus de 2 millions de barils par jour.
Le Venezuela, avec plus de 2 millions de barils par jour.
Le Koweït, avec plus de 2 millions de barils par jour.

Cela vous semble énorme ? La production se révèle pourtant insuffisante :
Consommation mondiale annuelle de pétrole : 35 milliards de barils.
Les découvertes représentent l'équivalent de 10 à 15 milliards de barils.
Les réserves prouvées de pétrole représentent aujourd'hui 1 500 milliards de barils.

Selon plusieurs statistiques, il resterait, au rythme actuel de consommation, une quarantaine d'années de réserves. Chaque année, le monde dépense 2 000 milliards de dollars pour le pétrole.

Conclusion des experts : Faisons des économies d'énergie. Préparons un avenir sans pétrole.

LE PETIT COIN DES LISTES

C'est pas du français

Une expérience menée à l'IUT de Lyon a permis d'établir un palmarès des fautes les plus fréquentes commises par environ un millier d'étudiants en première année.

Voici le Top 10 de leurs lacunes

1. S'avérer. On ne dit pas que quelque chose s'est avéré vrai (c'est un pléonasme). Mais «cela s'est avéré» ou «cela s'est révélé vrai».

2. Après que ou avant que. Les temps de l'indicatif (passé) doivent suivre ces expressions (correct : "après qu'il a dîné"), et non le temps du subjonctif (incorrect : "après qu'il ait dîné").

3. Par contre. Pas incorrecte, cette locution est cependant souvent mal employée. Il faut lui préférer "en revanche".

4. De façon à ce que. Non : on écrit "de façon que" !

5. À l'attention de. Ne pas confondre cette expression, utilisée pour un courrier, avec "à l'intention de" (qu'on emploie si par exemple on prépare un gâteau).

6. Participe présent ou adjectif ? "Un homme convainquant son public" (participe présent), mais "il donne un argument convaincant" (adjectif).

7. Second ou deuxième ? On ne termine jamais second du Tour de France, sauf s'ils n'étaient que deux à l'arrivée. En revanche, il s'agit bien de la Seconde Guerre mondiale (on espère qu'il n'y en aura pas une troisième).

8. Ceci ou cela ? Ceci désigne la chose la plus proche, cela la plus lointaine.

9. Cent et mille. Mille est invariable, mais pas cent. On écrit donc “deux cents”, mais il n’y aura pas de pluriel dans le cas de “deux cent cinquante”.

10. Adjectif ou adverbe ? “Il escalade les plus hauts sommets possible” (sans accord, car il s’agit là d’un adverbe).

TIREZ LA CHASSE

Une ampoule électrique de 4 watts, à la résistance exceptionnelle, brille en continu depuis désormais 110 ans. Cette lampe à incandescence éclaire une caserne de pompiers située en Californie (États-Unis), depuis l’année 1901. Elle est considérée officiellement (Guiness Record) comme la lampe la plus vieille toujours en fonctionnement, et elle est presque en activité continue depuis ce temps. Le premier cas supposé d’obsolescence programmée a visé les lampes à incandescence, en 1924. Un groupe de fabricants de lampes s’allia pour limiter la longévité des lampes à 1 000 heures. Une pratique qui touchera très vite l’automobile, l’électroménager, etc.

“Si l’homme civilisé devait tuer lui-même les animaux qu’il mange, le nombre des végétariens augmenterait de façon astronomique.” [Christian Morgensen]

Que d'eau, que d'eau !

L'eau est le principal constituant du corps humain. La quantité moyenne d'eau contenue dans un organisme adulte est de 65 %, ce qui correspond à environ 45 litres d'eau pour une personne de 70 kilogrammes.
La teneur totale en eau du corps humain dépend de plusieurs facteurs. Elle est fonction de la corpulence : plus une personne est maigre, plus la proportion d'eau de son organisme est importante.
Elle dépend également de l'âge : elle diminue avec les années, car plus les tissus vieillissent, plus ils se déshydratent, l'eau étant remplacée par de la graisse.
À l'intérieur de l'organisme, l'eau n'est pas répartie uniformément. Sa concentration varie d'un organe à l'autre, de 1 % dans l'ivoire des dents à 90 % dans le plasma sanguin. Outre le sang, les organes les plus riches en eau sont le cœur et le cerveau.

LES ASTUCES DE DAME PIPI

Pour obtenir des escalopes ou des blancs de poulet moelleux, trempez-les avant la cuisson dans du blanc d'œuf battu (mousseux).
Le blanc d'œuf, qui fait carapace, coagule très vite et emprisonne les sucs de la viande.

L'eau absorbée :

L'eau de boisson (1,5 litre par jour).

L'eau des aliments (0,9 litre par jour).

L'eau produite par la combustion des aliments (0,6 litre par jour).

L'eau rejetée :

Respiration (0,5 litre par jour).

Respiration et transpiration : 0,9 litre (plus en cas de transpiration due à la chaleur).

Urine (1,5 litre par jour).

Selles (0,1 litre).

L'eau utilisée par l'organisme :

La salive : environ 1 litre par jour.

Le suc gastrique : entre 2 et 2,5 litres.

La bile : 0,5 litre.

Le suc pancréatique : 0,7 litre.

Les sécrétions intestinales : environ 3 litres.

Le sang contient quelque 3 à 4 litres d'eau.

"Le comptoir d'un café est le Parlement du peuple." [Honoré de Balzac]

LE PETIT COIN DES LISTES

Il va faire beau

La nielle penche la tête.

Le tabac ferme ses corolles.

L'oxalis et le ficoïde s'ouvrent.

La polierva redresse ses branches.

Le pavot relève sa fleur.

La rose de Jéricho se contracte.

Le chat ronronne sans être sollicité et se passe la patte derrière l'oreille gauche (signe souvent interprété à tort comme annonçant la pluie).

Pigeons et tourterelles roucoulent.

L'âne se roule dans la poussière.

Les abeilles s'envolent.

Les moustiques volent et tourbillonnent en colonne.

L'érigone (petite araignée) tisse ses fils de la vierge au ras du sol.

Les coccinelles volettent de fleur en fleur.

Les hannetons volent vers la mer.

Les moucherons tournent au coucher du soleil.

Les araignées dédaignent les coins sombres.

Les grenouilles remontent à la surface de l'eau (signe souvent interprété à tort comme annonçant la pluie).

Alouettes, grues et hirondelles volent haut.

Les chauves-souris sortent nombreuses et volent tard dans la soirée.

Les cygnes s'ébattent joyeusement.

Les grives se posent au sommet des arbres.

Les rouges-gorges chantent le matin.

Les pies borgnes frétillent dans l'herbe et jouent.

Les hiboux poussent leur ululement en fin de journée.

Le rossignol chante toute la nuit.

Le corbeau croasse après le lever du soleil.

Plongeons et oiseaux de mer volent à l'intérieur des terres.

Les oiseaux en général se perchent haut dans les arbres.

LES POTINS DE DAME PIPI

Le saviez-vous ?

Chez les Iroquois, l'organisation sociale était matriarcale, matrilinéaire et matrilocale : c'est la mère qui déterminait le lignage, et les femmes possédaient la terre. Après son mariage, l'homme emménageait chez son épouse, et ses enfants devenaient membres du clan de la mère. Les femmes choisissaient également les chefs de clan. Elles avaient un droit de veto sur toutes les décisions des hommes.

LE PETIT COIN DES JEUX

Poli au restaurant

1. Vous arrivez en couple devant la porte du restaurant. Qui entre en premier ?

a) La femme

b) L'homme

c) Peu importe

2. L'apéritif arrive, on trinque…

a) Non, ça ne se fait pas

b) Oui, mais discrètement

c) Peu importe

3. Il n'y a pas de sommelier. Qui s'occupe du vin ?

a) La femme

b) L'homme

c) La personne la plus âgée de la table

4. Les plats arrivent, faut-il souhaiter un bon appétit à vos convives ?

a) Oui, la politesse l'exige

b) Non, ça ne se fait pas

5. Une personne à votre table vous demande le sel.

a) Vous lui rapprochez la salière à portée de main

b) Vous lui donnez de la main à la main

Réponses : 1a - 2a - 3b - 4b - 5a

PISSE TROIS GOUTTES

Miam, du vomi !

Un Britannique qui se promenait sur la côte anglaise a ramassé un étrange rocher jaunâtre et s'est vu offrir la coquette somme de 50 000 euros pour sa trouvaille. Il s'agissait de vomi de cachalot, encore connu sous le nom d'ambre gris, qui est très prisé en parfumerie.

LE PETIT COIN DES JEUX

1. Qui a écrit *La Guerre des mondes*, le film de Steven Spielberg ?

a) Aldous Huxley
b) H. G. Wells
c) W. P. Blatty

2. Le roman *La Planète des singes* a inspiré plusieurs films hollywoodiens. Il a été écrit par un Européen. S'agit-il :

a) De l'Anglais C. S. Lewis
b) De l'Allemand Goethe
c) Du Français Pierre Boulle

3. Qui a écrit *2001 : l'Odyssée de l'Espace*, adapté par Stanley Kubrick ?

a) Arthur C. Clarke
b) Robert A. Heinlein
c) Ray Bradbury

Réponses : 1b - 2c - 3a

“Les seuls murs vraiment impénétrables sont ceux dont on s'entoure soi-même.” [Luis Fernandez]

Les technologies du futur qui vont vous faciliter le quotidien

- **La souris en lévitation :** le poignet ne s'appuyant plus sur la table, elle permettra de réduire les engourdissements et les troubles musculo-squelettiques.
- **La batterie pliable pour smartphone :** permettra dans le futur de fabriquer des smartphones souples.
- **Les appareils électroménagers connectés :** seront contrôlables à distance.
- **Un smartphone capable de détecter la mauvaise haleine :** plus exactement, il s'agit d'un appareil qui sera branché sur votre smartphone et qui pourra détecter différentes odeurs.
- **Une lampe ordinateur :** il s'agit d'un appareil que l'on visse comme une ampoule sur une lampe, et qui projette une image interactive et tactile sur n'importe quelle surface. Une liaison WiFi est intégrée et on pourra utiliser des programmes tournant sur un ordinateur conventionnel.
- **Un scanner ultraperformant :** il sera possible de scanner, en haute résolution, 250 pages en moins d'une minute.
- **Une clé USB en papier :** souple et légère, elle pourra être insérée à une carte postale ou à une carte de visite.
- **Une cafetière à reconnaissance digitale :** posez la main sur un écran tactile et la cafetière vous fera le café comme vous l'aimez, fort ou allongé, avec ou sans sucre, etc.
- **Des téléphones portables waterproof :** vous pourrez donc les faire tomber dans vos toilettes.
- **La fourchette électronique pour ne pas manger trop vite :** elle vibrera pour vous alerter.
- **Des sacs batterie :** ils intégreront des panneaux solaires flexibles qui pourront recharger téléphone, appareil photo, etc.
- **Un appareil pour surveiller l'état de vos plantes :** un rapport sera ensuite envoyé sur votre mobile.

Le bel exemple

Les élus rattrapés par la justice !

Voici une liste non exhaustive des personnalités politiques condamnées, mises en examen, dans le passé.

ALAIN JUPPÉ, maire UMP de Bordeaux.
Affaire : emplois fictifs de la Mairie de Paris.
Condamnation (2004) : 14 mois de prison avec sursis ainsi qu'un an d'inéligibilité.

LAURENT FABIUS, ministre des Affaires étrangères en fonction.
Affaire : une enquête sur l'affaire du sang contaminé de 1985 qui empoisonna le sang des patients avec le virus du sida.
Condamnation (1992) : innocenté.

JEAN-MARC AYRAULT, Premier ministre en fonction.
Affaire : favoritisme dans l'attribution d'un marché public à Nantes.
Condamnation : 6 mois de prison avec sursis et 30 000 francs d'amende.

DOMINIQUE STRAUSS-KAHN, ancien directeur du FMI, candidat PS pressenti aux présidentielles de 2012.
Affaire : l'homme est un habitué des affaires judiciaires, dont il est toujours sorti vainqueur. (Mnef, cassette Méry, emplois fictifs du groupe Elf Aquitaine.) Dernier en date, le 26 mars 2012, "proxénétisme aggravé en bande organisée".

JEAN TIBERI, maire UMP du 5e arrondissement de Paris.
Affaire : faux électeurs dans le 5e arrondissement de Paris (1997).
Condamnation (2013) : 10 mois de prison avec sursis et 3 ans d'inéligibilité.

GÉRARD LONGUET, vice-président de l'UMP.
Affaire : en 1994, pour le financement du parti républicain et sa villa à Saint-Tropez. 2005 : "recel de corruption" pour les marchés publics d'Île-de-France.
Condamnation : relaxé par deux fois.

ANDRÉ SANTINI, député-maire UMP d'Issy-les-Moulineaux.
Affaire : détournement de fonds.
Condamnation : 2 ans de prison avec sursis, 5 ans d'inéligibilité et 200 000 euros d'amende. Il a fait appel.

CHARLES PASQUA, sénateur apparenté UMP de Seine-Saint-Denis (jusqu'au 30 septembre 2011), ex-député, ex-ministre.
Affaires : plusieurs fois mis en examen pour "complicité d'abus de biens sociaux, complicité de recel" (GEC-Alsthom Transport, Sofremi, casino d'Annemasse, pétrole contre nourriture, Fondation Hamon, ventes d'armes à l'Angola).
Condamnations : il a été relaxé dans six d'entre elles et condamné à de la prison avec sursis deux fois.

Bouquets gagnants

Misez sur les fleurs naturelles et de saison pour parfumer vos chambres ou votre salon. Quelques tiges de lys ou de tubéreuses, deux variétés particulièrement odorantes, suffisent pour dégager un délicat parfum pendant près d'une semaine. Autre possibilité : un bouquet d'une quinzaine de roses ou de freesias. Attention, il faut choisir des fleurs légèrement écloses et très odorantes dès le moment de l'achat. Si elles ne sentent rien chez le fleuriste, elles ne dégageront aucune odeur par la suite…

PISSE TROIS GOUTTES

Le 3 avril 1973, l'ingénieur du groupe Motorola Martin Cooper passait le premier appel d'un appareil mobile dans les rues de New York. Le téléphone, très gros, pesait 1 kg et avait une autonomie de 20 minutes. On raconte que Cooper aurait inventé ce bel objet en s'inspirant du communicateur montré dans la série "Star Trek" !

Jeux vidéo

Cet article dresse la liste des jeux vidéo les plus vendus de l'histoire dans le monde entier, selon VGChartz.

1. Wii Sports. Wii, 2006, 80,83 millions

2. Super Mario Bros. NES, 1985, 40,24 millions

3. Mario Kart Wii. Wii, 2008, 33,28 millions

4. Pokémon Rouge et Bleu. GB, 1996, 31,37 millions

5. Wii Sports Resort. Wii, 2009, 31,23 millions

6. Tetris. GB, 1989, 30,26 millions

7. New Super Mario Bros. DS, 2006, 28,97 millions

8. Wii Play. Wii, 2006, 28,70 millions

9. Duck Hunt. NES, 1984, 28,31 millions

10. New Super Mario Bros. Wii, 2009, 26,49 millions

11. Nintendogs. DS, 2009, 24,50 millions

12. Pokémon Or et Argent. GB, 1999, 23,10 millions

Le latin langue vivante

Le pape Benoît XVI souhaitait refaire du latin une langue populaire. Il espérait non seulement promouvoir son usage au sein de l'Église, mais aussi au sein de "la société civile et de l'école" (*La Stampa*).
Un dictionnaire regroupant 15 000 traductions du vocabulaire moderne en latin a été établi à cet effet.

Internet : inter rete
Adresse mail : inscriptio cursus eletronici
Ordinateur : instrumentum computatorium
Tire-bouchon : extraculum
Discothèque : taberna discothecaria
Électricité : eléctrica vis
Enfant gâté : puer indulgéntia depravatus
Mini-short : brevissimae bracae femineae
Playboy : iuvenis voluptarius

PISSE TROIS GOUTTES

La sécurité des chèques est assurée par un filigrane qu'il est possible d'observer par transparence. Un système de protection supplémentaire est également présent, par une inscription lisible uniquement à la loupe. Les lignes sur lesquelles sont inscrits le montant en toutes lettres, l'ordre, le lieu, la date et les deux barres obliques sont en réalité un extrait de la déclaration de Robert Schuman, du 9 mai 1950, considérée comme le texte fondateur de la construction de l'Union européenne : "L'Europe ne se fera pas d'un coup, ni dans une construction d'ensemble : elle se fera par des réalisations concrètes créant d'abord une solidarité de fait."

Mini-jupe : tunicula minima
Jazz : iazensis musica
Pop-corn : maizae grana tosta
Publicité : scriptorium vulgator
Cigarette : fistula nicotiana
Série TV : fabula televisifica
Blue-jeans : bracae línteae caerúleae
Ordinateur : instrumentum computatórium
Rugby : ludus follis ovāti
Préservatif : tegumembra
Rock'n'roll : nuta et volve saltationis

"Quand les mouettes suivent un chalutier, c'est qu'elles pensent qu'on va leur jeter des sardines." [Éric Cantona]

Viande ou légumes ?

ALIMENTATION CARNÉE

Anthropophage : humain qui consomme de la viande humaine.
Aphidiphage : se dit d'un animal qui se nourrit de pucerons.
Carnivore : qui se nourrit principalement de chair.
Charognard ou nécrophage : dont le régime alimentaire est composé d'animaux morts.
Piscivore ou ichtyophage : qui se nourrit principalement de poissons.
Lépidophage : qui se nourrit d'écailles de poisson.
Ophiophage : qui se nourrit de serpents.
Ornithophage : qui se nourrit principalement d'oiseaux.
Oophage : qui se nourrit d'œufs.
Insectivore ou entomophage : qui se nourrit principalement d'insectes.
Myrmécophage : qui se nourrit principalement de fourmis.
Vermivore : qui se nourrit principalement de vers.
Planctivore ou planctonophage : qui se nourrit principalement de plancton.
Hématophage : qui se nourrit principalement de sang.
Malacophage : qui se nourrit principalement de mollusques.

PISSE TROIS GOUTTES

Des mathématiciens ont annoncé avoir découvert le plus grand de tous les nombres premiers connus à ce jour. Avec 17 425 170 chiffres, il vient détrôner le record de celui de 2008, qui contenait 12 978 189 chiffres.
Ce nouveau nombre correspond mathématiquement parlant à : 2 puissance 57 885 161 moins 1.
Un nombre premier est un entier positif qui n'admet que deux diviseurs entiers et positifs : 1 et lui-même. Le chiffre trois, par exemple, ne peut être divisé que par 1 ou 3, sans quoi l'on obtient un nombre décimal. Le nombre récemment découvert ne peut donc lui aussi qu'être divisé par 1 ou lui-même.

ALIMENTATION VÉGÉTALE

Herbivore ou phytophage : qui se nourrit principalement de plantes.

Olivore ou phyllophage : qui se nourrit de feuilles.

Frugivore ou carpophage : qui se nourrit principalement de fruits.

Granivore : qui se nourrit principalement de graines et de noix.

Melliphage : qui se nourrit principalement de miel.

Mycophage : qui se nourrit principalement de champignons.

Nectarivore : qui se nourrit principalement de nectar.

Xylophage : qui se nourrit principalement de bois.

Pollinivore : qui se nourrit principalement de pollen.

Zéophage : qui se nourrit de maïs.

Exsudativore ou gommivore : qui se nourrit de la gomme des plantes.

"Le temps perdu ne se rattrape jamais. Alors, continuons de ne rien faire." [Jules Renard]

Les organisations criminelles très organisées

Trafics de stupéfiants, trafics d'êtres humains (de migrants, de travailleurs, de femmes ou encore d'enfants), trafics de déchets, contrebande, contrefaçon, criminalité financière, etc. À première vue, les mafias sont impliquées, de près ou de loin, dans toutes les sphères de la criminalité.
Ils sont des ennemis de l'État. Interpol coordonne cette répression à l'échelle internationale.

Selon leur origine, les organisations criminelles portent différents noms :

♦ Le Cartel (Colombie, Mexique)

♦ La Mafia (Italie) et particulièrement : la Cosa Nostra (Sicile), la Camorra (Naples) et la Ndrangheta (Calabre)

♦ La Sacra Corona Unita (dans les Pouilles)

♦ La Stidda (en Sicile)

♦ Le Milieu et le crime organisé corse (France)

♦ L'Organizatsiya (Russie), Bratva

♦ Les Triades (Chine)

♦ Les Yakuzas (Japon)

♦ La mafia albanophone (présente en Albanie, au Kosovo et en Macédoine)

♦ La mafia turque, etc.

EPOUSE 1.0

Bonjour
Je tenais à vous faire part des problèmes inhérents au logiciel EPOUSE 1.0

Un de mes amis, bien que pleinement satisfait des services que lui rendait PETITE AMIE (en version 1.0), a pourtant décidé (attrait de la nouveauté ? crise de déprime ? allez savoir…) de sauter le pas et de s'offrir directement l'upgrade complet, à savoir EPOUSE (toujours en version 1.0).

Il a rapidement découvert qu'EPOUSE 1.0 accaparait presque toute sa mémoire et ne laissait que très peu de place pour les autres applications… EPOUSE 1.0 s'installe de manière à toujours démarrer en premier, dès l'allumage du système, ce qui lui permet non seulement de contrôler toutes les activités qui se produisent ensuite dans l'environnement, mais aussi d'interférer avec elles, voire même d'en empêcher purement et simplement le lancement !
Mon ami s'est en effet aperçu avec effroi que le système lui refusait dorénavant tout accès à diverses applications, comme BELOTE-AVEC-LES-COPAINS (version 10.3), TOURNEE-DES-BISTROTS (version 2.5) et SORTIE-TOUTE-LA-NUIT (version 7.0), applications auxquelles il tenait énormément, et qui fonctionnaient jusqu'à présent sans problème !

S'il s'obstinait néanmoins à vouloir les lancer, le comportement du système tout entier devenait instable et même imprévisible, ce qui conduisait généralement à un crash complet et à la nécessité d'un rallumage à froid, avec des conséquences que l'on devine aisément. De plus, lors de l'installation, EPOUSE 1.0 ne fournit malheureusement aucune option permettant de désinstaller les innombrables plug-ins et autres add-ons indésirables dont elle fait ailleurs grand usage (nouveau gaspillage de ressources système), tels BELLE-MAMAN 55.8 (qui occupe énormément de place) et BEAU-FRERE (celui-là, hélas, toujours en phase Beta).

Mon ami vient de s'apercevoir qu'EPOUSE 1.0 était maintenant entrée dans un processus d'auto-reproduction, sur une durée prévue de neuf mois, et que ce phénomène entraînerait quoi qu'il advienne un nouveau et important gaspillage de ressources système...

Bien entendu, aucune mention de cet étrange comportement ne figurait dans la documentation dont il disposait au moment de l'achat. D'autres utilisateurs l'avaient cependant averti que ce risque existait bel et bien, en raison, disaient-ils, de la nature même de cette application.

Pour couronner le tout, les performances globales du système semblent diminuer de jour en jour au point que mon ami envisage carrément de changer d'application ! Il a d'ailleurs dressé une liste des caractéristiques qui devraient selon lui être obligatoirement implémentées dans la version d'EPOUSE 2.0 (annoncées pour très bientôt) :

Un bouton "ne me le rappelle pas sans arrêt".
Un bouton "réduction en tant que simple icône".
Une procédure simple qui permettrait d'installer EPOUSE 2.0, avec la possibilité de la désinstaller à tout moment sans risque de perdre le contenu du cache ou d'autres ressources système vitales.
La possibilité de couper le son (et même l'image).
Une procédure de sécurité qui interdirait à EPOUSE 2.0 de s'accaparer toutes les ressources sans prévenir et de les utiliser à son gré.
Une maintenance plus aisée, et surtout moins coûteuse.
Un mode d'emploi clair et bien conçu.
Une garantie "satisfait ou remboursé".
Devant les innombrables déboires de mon ami, j'ai pour ma part préféré m'éviter de pareilles insomnies, en renonçant à EPOUSE 1.0 et en m'en tenant plus modestement à PETITE AMIE (en version 6.0 tout de même).

Accouplements des animaux

L'âne monte ou saillit

L'ânesse baudouine

Le bélier lutte

La brebis béline ou hurtebille

L'étalon monte ou saillit

Le chien et la chienne se lient

La chienne jumelle

Le chien, avec une chienne de race différente, mâtine

La jument assortit

Le lapin, le lièvre bouquinent

L'oie jargonne

L'oiseau mâle côche

Les oiseaux s'apparient

Le poisson fraye

Le taureau monte ou saillit

Les vivipares couvrent

Rebonjour
Je fais suite à mon message de la page précédente. Je viens d'avoir un message de mon ami qui me signale un nouveau problème avec le programme EPOUSE 1.0. Il contient un bug important, qui ne figure pas dans la documentation d'origine, mais qui se manifeste dans certaines circonstances bien précises : si vous essayez d'installer MAITRESSE (toutes versions, y compris la XX) sans désinstaller EPOUSE 1.0 au préalable, celle-ci provoque immédiatement un effacement complet et irréversible des fichiers de Microsoft MONEY (ou de tout autre programme de gestion des finances personnelles). Ensuite, MAITRESSE refuse de s'installer, en affichant le message "Ressources Insuffisantes".
Solution : essayer d'installer MAITRESSE sur un autre système, sans connexion réseau avec le premier. Une autre solution consiste à n'utiliser MAITRESSE que via un réseau et sous un nom d'emprunt, mais attention à nouveau aux virus qui peuvent accidentellement être téléchargés de cette manière !

EPOUSE 1.0 (et dans une moindre mesure PETITE AMIE) est une application relativement instable qui nécessite une maintenance régulière et beaucoup de soins sous peine de se bloquer totalement. Un tel événement est malheureusement imprévisible mais occasionne souvent d'importants dégâts, notamment financiers. Solution : dans un tel cas, il semblerait que l'usage répété de la touche "Échappement" soit la seule issue possible…

Je continue mon enquête sur ces logiciels.
AFK

"Je fais des pièces et ma femme des scènes." [Eugène Labiche]

Vitesse

L'unité internationale de la vitesse est le mètre par seconde (m.s-1, parfois m/s). Pour les véhicules automobiles, on utilise le kilomètre par heure (km/h). Pour passer des m/s en km/h, il faut multiplier par 3,6.

Ongle : 0,000 000 002 m/s

Cheveu : 0,000 013 m/s

Limace : 0,001 5 m/s

Escargot : 0,027 5 m/s

Homme au pas : 1 m/s

Nageur : 1,10 m/s

Cavalier au pas : 1,83 m/s

Cavalier au trot : 5,6 m/s

Chute d'un corps sur terre : 10 m/s

Cavalier au galop : 10,40 m/s

Voiture à 100 km/h : 28 m/s

Signaux voyageant le long des fibres nerveuses de la moelle épinière : 120 m/s

Une balle de fusil : 1 000 m/s

La vitesse de la navette spatiale juste avant son entrée en orbite : 8 000 m/s

La vitesse de la lumière dans le vide : 299 792 458 m/s

LE PETIT COIN DES LISTES

Mais où est l'argent ?

Selon une étude, il y aurait, en janvier 2013, 1 453 milliardaires en dollars dans le monde.
C'est désormais en Asie qu'il y en aurait le plus (608), devant l'Amérique du Nord (440) et l'Europe (324).
La richesse cumulée de l'ensemble des milliardaires en dollars de la planète est estimée à 5 500 milliards de dollars.
Les actifs nets des 10 personnes les plus riches du monde ont augmenté en 2012 de 22 %, soit 250 millions de dollars par jour au total.
Chacune de ces 10 personnes s'est enrichie en moyenne de 25 millions de dollars par jour, soit plus de 1 million de dollars chaque heure de l'année.
Il y a des gens qui, l'année dernière, ont "gagné" une vie de Smic toutes les 45 minutes (42 ans à 1 121 net par mois).

PISSE TROIS GOUTTES

C'est quoi, une lettre manuscrite ?

D'ici à 2014, quarante-cinq États américains vont rendre l'apprentissage de l'écriture manuscrite optionnel à l'école. À la place, sera privilégié l'apprentissage de… Word.

Les 10 hommes les plus riches du monde, selon Forbes (2013), en milliards de dollars

1. Carlos Slim Helu Mexique	73,0	Grupo Carso	Télécommunications
2. Bill Gates États-Unis	67,0	Microsoft	High-tech
3. Amancio Ortega Espagne	57,0	Inditex	Distribution
4. Warren Buffett États-Unis	53,5	Berkshire Hathaway	Finances
5. Larry Ellison États-Unis	43,0	Oracle Corporation	High-tech
6. Charles Koch États-Unis	34,0	Koch Industries	Énergie
7. David Koch États-Unis	34,0	Koch Industries	Énergie
8. Li Ka-shing Chine	31,0	Hutchison Whampoa	Services
9. Liliane Bettencourt France	30,0	L'Oréal	Cosmétiques
10. Bernard Arnault France	29,0	LVMH	Luxe

“Mobilité et stabilité ne sont pas antinomiques : un cycliste n'est stable sur sa bicyclette qu'en avançant.” [Jacques Chirac]

LA QUESTION DE DAME PIPI

Se prendre pour Fangio

Signifie rouler vite.
Juan Manuel Fangio (1911-1995) est un pilote automobile argentin qui a dominé ce sport dans les année cinquante. Il était jusqu'à ce jour le seul pilote à être sacré champion du monde dans 4 écuries différentes. Grâce à ses exploits et à son unique pourcentage de victoires sur Grands Prix disputés (24 victoires sur 51 Grands Prix, record absolu), nombreux sont ceux qui le considèrent comme le plus grand pilote de l'histoire. Il a couru pendant toute sa carrière sans avoir le permis de conduire. Il ne l'a obtenu qu'en 1961 plusieurs années après son départ à la retraite.

LE PETIT COIN DES JEUX

1. On dit que la souris
a) Tricote
b) Chicotte
c) Couine

2. Quel singe peut apprendre le langage des signes ?
a) L'orang-outan
b) Le chimpanzé
c) Le paresseux

3. Parmi ces espèces, laquelle n'émet pas d'infrasons pour communiquer avec ses congénères ?
a) L'éléphant
b) La baleine à fanons
c) La grenouille

Réponses : 1b - 2b - 3c

"Au fond, est-ce que ranger ça ne revient pas un peu à foutre le bordel dans son désordre ?" [Philippe Geluck]

LE PETIT COIN DES LISTES

Au début, il y avait...

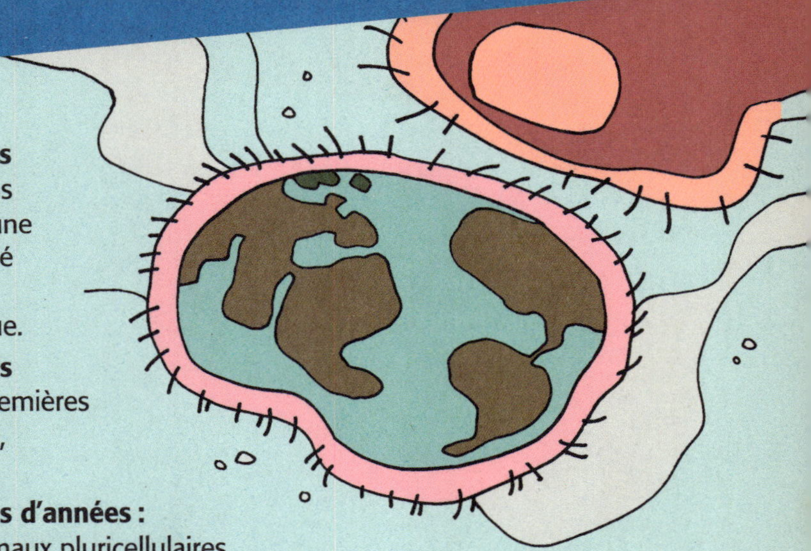

- **4,5 milliards d'années :** pas de vie, mais une intense activité sismique et vulcanologique.
- **3,8 milliards d'années :** premières formes de vie, les bactéries.
- **700 millions d'années :** premiers animaux pluricellulaires à corps mou.
- **540 millions d'années :** les premiers invertébrés marins : les méduses, les algues, les éponges, etc.
- **500 millions d'années :** les premiers vertébrés (des poissons sans mâchoires et au corps protégé par une carapace) et les premiers poissons.
- **410 millions d'années :** les acariens, les insectes et les ancêtres des scorpions sont les maîtres sur terre.
- **245 millions d'années :** c'est à partir des reptiles qu'émerge la branche des mammifères, les dinosaures.
- **205 millions d'années :** début du jurassique, apparition des dinosaures aériens et marins.
- **135 millions d'années :** début du crétacé, apparition des oiseaux et des marsupiaux.
- **65 millions d'années :** nouvelle extinction massive marquant la fin des dinosaures.
- **55 millions d'années :** prolifération des mammifères et des oiseaux.
- **6 millions d'années :** Millenium Ancestor, ancêtre probable de l'homme moderne.
- **2 millions d'années :** apparition des premiers hommes.

LE PETIT COIN DES LISTES

Les Français sont-ils des feignants ?

Au sein de l'Union européenne, le nombre de congés payés et de jours fériés varie considérablement selon les pays. Retrouvez les salariés les mieux lotis. (Source : Mercer)

LES ASTUCES DE DAME PIPI

Comment faire disparaître les verrues ?

Le suc des feuilles de figuier renferme des enzymes destructrices de verrues. Selon une étude parue dans l'*International Journal of Dermatology*, en 2007, le traitement des verrues par le figuier donne des résultats comparables aux méthodes par cryothérapie. Sans crainte d'effets secondaires et avec un faible taux de récidive. En pratique : couper des feuilles de figuier et appliquer le suc qui s'en échappe sur les verrues. Une opération à renouveler matin et soir, jusqu'à complète disparition.

Rang	Pays	Congés payés	Jours fériés	Total
1.	Autriche	25	13	38
1.	Malte	24	14	38
3.	Grèce	25	12	37
3.	Pologne	26	11	37
5.	Espagne	22	14	36
5.	France	25	11	36
5.	Royaume-Uni	28	8	36
5.	Suède	25	11	36
9.	Chypre	20	15	35
9.	Finlande	25	10	35
9.	Luxembourg	25	10	35
9.	Portugal	22	13	35
9.	Slovaquie	20	15	35
14.	Danemark	25	9	34
14.	Hongrie	23	10	33
14.	Lituanie	20	13	33
14.	Slovénie	20	13	33
18.	Lettonie	20	12	32
18.	République tchèque	20	12	32
20.	Italie	20	11	31
21.	Belgique	20	10	30
22.	Allemagne	20	9	29
22.	Irlande	20	9	29
22.	Roumanie	20	9	29
25.	Pays-Bas	20	8	28

"En Corse, il faut savoir à qui poser les questions, mais surtout à qui ne pas les poser. Et quand vous obtenez une réponse, dans la plupart des cas, il faut savoir l'oublier." [René Pétillon]

Le chiffre 9

Neuf est le plus haut nombre à un chiffre dans le système décimal.

Nonupler est l'action de multiplier par neuf.

Neuf bébés nés en même temps sont appelés des nonuplés, bien qu'aucun bébé né parmi des nonuplés n'ait survécu.

Un polygone à neuf côtés est appelé ennéagone (techniquement) ou nonagone (d'un usage commun). Un groupe de neuf choses est appelé une ennéade.

Un neuvain est un poème de neuf vers.

Neuf juges siègent à la Cour suprême des États-Unis, ainsi qu'à la Cour suprême du Canada.

Neuf (société), est un opérateur de télécommunications français.

Dans la mythologie grecque, il existe neuf Muses.

Dans la mythologie égyptienne, il existe neuf dieux majeurs et divinités.

Neuf est le nombre de représentations sataniques.

Neuf mois de gestation sont nécessaires pour les humains.

Neuf est le nombre d'années de mariage des noces de faïence.

Le numéro du département français l'Ariège.

Le numéro atomique du fluor, un halogène.

Dans la mythologie chinoise, les neuf fils du dragon sont des personnages majeurs, on en retrouve sur la plupart des édifices impériaux ou religieux.

Le nom du territoire appelé Kowloon, à Hong Kong, veut dire, littéralement, neuf dragons.

Neuf est considéré comme un bon nombre dans la culture chinoise parce qu'il sonne comme le mot "durable". C'était le chiffre symbole de l'empereur sous la dynastie Ming, et c'est pour cette raison que la Cité interdite compte 9 999 pièces.

Neuf, dans la langue japonaise, est un nombre redouté. Il se prononce en effet comme le mot "souffrance", apparenté au concept bouddhique de duhkha.

Le chandelier à 9 branches est un symbole important du judaïsme.

Nine ball (neuf boules) est une variante du billard professionnel joué aux États-Unis.

Neuf Valkyries dans *La Walkyrie* de Richard Wagner.

Neuf mètres était le diamètre de la plus grosse hélice jamais fabriquée dans la marine.

Neuf est le nombre de vies présumées des chats dans diverses traditions.

Dans son chef-d'œuvre, *La Divine Comédie*, Dante décrit les 9 cercles de l'Enfer.

Un ensemble de neuf musiciens est appelé un nonette.

Les groupes dont les noms comportent le nombre neuf dans leur nom incluent Stroke 9, Nine Days et Nine Inch Nails.

Ludwig van Beethoven et Anton Bruckner ont écrit neuf symphonies. Après la mort de Beethoven, qui laissa sa Dixième Symphonie inachevée, les compositeurs devinrent superstitieux ; il se créa toute une légende autour d'une prétendue "malédiction de la neuvième symphonie" qui survécut jusqu'à la fin du 19e siècle.

L'eau-de-vie, un ancien médicament

L'eau-de-vie fut élaborée, au Moyen Âge, par des alchimistes qui tentaient de créer un élixir de longue vie. On a longtemps attribué des vertus médicinales à l'eau-de-vie, avec une certaine raison car le degré alcoolique de la plupart des eaux-de-vie en fit d'excellents antiseptiques utilisables en interne (gargarismes, etc.). Elle servait encore à soigner les enfants à l'aube du 20e siècle, avec certains dégâts sur leur développement physique et mental ainsi que sur leur santé à long terme, du fait des doses données.

LA CULTURE PAS CHIANTE

Une étoile est une grosse boule de gaz chaud et incandescent, plus ou moins éloignée de la Terre et visible de nuit. On dit qu'une étoile est un corps céleste qui émet sa propre lumière. Dans une galaxie, il existe des centaines de milliards d'étoiles, et comme il y a des centaines de milliards de galaxies, il y a des centaines de milliards de milliards d'étoiles !

Les étoiles émettent simultanément toutes les couleurs de l'arc-en-ciel, ainsi qu'une foule de rayonnements invisibles à nos yeux. Mais elles ont une couche de couleur dominante, tout dépend de la température de leur surface – si cette température est inférieure à 4 000 °C, l'étoile apparaîtra rouge ; aux alentours de 6 000 °C, elle sera jaune ; au-delà de 7 000 °C, bleue.

Armagnac : eau-de-vie de vin
Bénédictine : eau-de-vie de 27 épices orientales et de plantes
Boukha : eau-de-vie de figues produite en Tunisie
Brandy : eau-de-vie de raisin
Calvados : eau-de-vie de cidre
Cognac : eau-de-vie de vin
Fine : eau-de-vie de vin
Genièvre : eau-de-vie d'orge et de seigle et de baies de genévrier
Guignolet : eau-de-vie de cerises noires
Grappa : eau-de-vie de marc de raisin produite en Italie
Kirsch : eau-de-vie de cerises
Marc : eau-de-vie de marc de raisin
Pisco : eau-de-vie de vin du Pérou et du Chili
Poiré : eau-de-vie de jus de poires à poiré
Schnaps : eau-de-vie de céréales, de racines ou de fruits
Tafia : eau-de-vie de canne à sucre
Tequila : eau-de-vie d'agave produite au Mexique
Vodka : eau-de-vie de pomme de terre ou de céréales

"Restons ce que nous avons toujours été : des gens libres. C'est devenu suffisamment rare pour qu'on s'accroche ne serait-ce qu'à l'idée." [Enki Bilal]

À qui appartient la mer ?

D'après le droit de la mer, une zone économique exclusive (ZEE) est un espace maritime sur lequel un État côtier exerce des droits souverains en matière d'exploration et d'usage des ressources. Elle s'étend à partir de la limite extérieure de la mer territoriale de l'État jusqu'à 200 milles marins (environ 370 km) de ses côtes au maximum.
La France, par ses départements d'outre-mer et ses collectivités territoriales éparpillées dans tous les océans de la planète, possède la seconde plus grande zone économique exclusive du monde.

États-Unis	11 351 000 km^2
France	11 035 000 km^2
Australie	8 505 348 km^2
Russie	7 566 673 km^2
Nouvelle-Zélande	6 682 503 km^2
Indonésie	6 159 032 km^2
Canada	5 599 077 km^2
Royaume-Uni	5 453 428 km^2
Japon	4 479 388 km^2
Chine	3 879 666 km^2
Chili	3 675 279 km^2
Brésil	3 660 955 km^2
Kiribati	3 441 810 km^2
Mexique	3 177 593 km^2
Micronésie	2 996 419 km^2
Danemark	2 551 238 km^2
Papouasie-Nouvelle-Guinée	2 402 288 km^2
Norvège	2 385 178 km^2
Inde	2 305 143 km^2
Marshal	1 990 530 km^2
Portugal	1 727 408 km^2
Philippines	1 590 780 km^2
Salomon	1 589 477 km^2
Afrique du Sud	1 535 538 km^2

LA CULTURE PAS CHIANTE

Bof est une interjection qui exprime l'indifférence ou le mépris

Beurre, œuf, fromage (BOF) est l'ancien sigle du commerce de produits alimentaires, du grossiste des Halles au détaillant crémier.

Son sens est devenu péjoratif en France, durant l'Occupation allemande, avec les cartes de rationnement, très recherchées au marché noir. Par extension, BOF désigna une personne s'enrichissant grâce au marché noir pendant cette période. Le roman *Au bon beurre* met en scène, sur un ton satirique, les aventures d'un couple de BOF sous l'Occupation.

LE PETIT COIN DES JEUX

1. Où trouve-t-on les girafes ?

a) Dans la savane
b) Dans des villes très boisées
c) Dans des arbres

2. En France, où peut-on rencontrer le grand cormoran ?

a) À proximité des cours d'eau
b) En bord de mer
c) Dans les forêts

3. Quel est l'habitat naturel de la vipère aspic ?

a) Les zones humides près des forêts
b) Les zones arides mais ombragées
c) Les zones arides et ensoleillées

Réponses : 1a - 2a - 3c

"Le piston ne marche qu'avec les huiles." [Philippe Bouvard]

PISSE TROIS GOUTTES

Il existe des distributeurs de billets dans les glaciers du pôle Sud

En effet, la société Wells Fargo a installé deux distributeurs de billets dans la Station McMurdo. Cette base scientifique est la plus grande communauté en Antarctique. Elle compte aux alentours de 1 000 personnes en été, mais pas plus de 200 en hiver. La majorité de la population travaille donc dans le domaine des sciences.

LES CONSEILS DE DAME PIPI

La canneberge prévient les infections urinaires

Cette petite baie rouge originaire d'Amérique fait parler d'elle chez nous, parfois sous son nom anglais de cranberry. L'une des raisons de son succès : elle est utilisée depuis des centaines d'années contre les infections des voies urinaires.

Le jus de canneberge réduit l'adhérence des bactéries sur les muqueuses urinaires, en particulier chez les femmes souffrant d'infections chroniques. Une étude canadienne, de 2002, menée sur 150 femmes montre une réduction significative du nombre d'infections au bout d'un an.

Pour profiter pleinement de ses vertus, il faut boire 500 ml par jour de jus concentré de canneberge, disponible en supermarchés. Évitez les cocktails, moins riches en fruits.

"Mais pourquoi courent-ils si vite ? – Pour gagner du temps ! Comme le temps, c'est de l'argent... plus ils courent vite, plus ils en gagnent !" [Raymond Devos]

Idiotismes d'idiots

Arriver de Caudrot : être un idiot. Expression girondine faisant référence à un maire, au 19e siècle, qui avait fait inscrire sur les bancs du village que ceux-ci étaient faits pour s'asseoir.

Descendre du train de Langon : être un idiot

Crétin des Alpes : idiot

Béotien : être inculte, rustre

Bête à manger du foin

Bande de nazes

Pour un point, Martin perdit son âne

Prendre quelqu'un pour un jambon

Triple buse

Bouché à l'émeri

Andouille

Dépendeur d'andouille : triple sot

Tronche de cake : imbécile

N'avoir rien dans la carafe, dans le carafon

Idiot comme un cornichon dans son bocal

Va donc, eh banane (populaire) ! : espèce d'imbécile

Va donc, eh patate (injurieux) ! : espèce d'imbécile

Ne rien avoir dans la citrouille : être stupide

Âne bâté

Bécasse, bécasseau, bécassine

Cervelle d'oiseau

Cloche

Nouille

Tanche

Tête de linotte

Dinde

Gobe-mouches : benêt

Ne rien avoir sous la casquette

Paroles d'enfants de 3 à 6 ans

"Comment ils font les chasseurs pour savoir si c'est un canard à l'orange ?"

"Avoir 100 ans c'est être centenaire. Avoir 1 000 ans c'est être millionnaire."

"Moi je dors dans mon lit et mon petit frère dans le sien. Maman et papa dorment ensemble parce qu'ils sont de la même grandeur."

"Je ne retournerai pas à l'école parce qu'à l'école on m'apprend des choses que je ne sais pas !"

"Quand on ne met pas de crème, le soleil nous donne des coups."

"Dis, maman, quand on meurt, est-ce que c'est pour la vie ?"

"Toi mamie, t'es une mammifère et toi, grand-père, t'es un papifère."

"Maman heureusement que tu mets une ceinture, ça tient ton ventre, sinon il tomberait."

"Papa, je t'aime, mais quand même j'aime plus les bonbons."

"Attention maman, les moustiques, ça pique plus que la moutarde !"

"Mamie, c'est vrai qu'avant tu étais un singe ?..."

"On tue des éléphants pour faire des bijoux avec leurs cornes, on tue des baleines pour faire du rouge à lèvres, mais on tue des hommes pour rien."

"Après-demain, j'étais pas là."

Quelle est la différence entre un chiite et un sunnite ?

Lorsque l'on évoque le Proche et le Moyen-Orient, ces mots reviennent sans cesse. La Ligue arabe est composée essentiellement de pays sunnites, l'Iran est la grande puissance chiite. Petit tour simplifié des différences :

Les chiites

- Courant comptant 15 % de croyants. Majoritaire toutefois en Iran et en Irak (de peu) et au Bahreïn. Au Liban, les chiites sont aussi devenus récemment la communauté majoritaire.
- Le successeur du Prophète Mahomet : son gendre Ali.
- Les imams réputés infaillibles dans l'interprétation du Coran : 12, dont les deux fils d'Ali.
- Le Coran est une œuvre humaine.
- Pas de « sunna », mais plus de liberté individuelle.
- Le pouvoir politique doit compter avec le pouvoir, distinct des autorités religieuses (les ayatollahs en Iran, par exemple).

Les sunnites

- Courant majoritaire de l'islam, 85 %.
- Le successeur du Prophète Mahomet : un compagnon, Abou Bakr.
- Les imams réputés infaillibles dans l'interprétation du Coran : le douzième reviendra à la fin des temps pour juger les hommes.
- Le Coran est une œuvre divine.
- La "sunna" décrit les faits et gestes du Prophète à imiter.
- L'autorité politique et religieuse peut être fondue dans une même personne.

Profil

Est-il possible de deviner la personnalité de quelqu'un uniquement en regardant son visage ?

La morphopsychologie est une étude de la forme du visage qui permet d'avoir une idée de la personnalité du sujet observé. Une connaissance de l'autre ou de soi. Elle est considérée comme une pseudo-science.
Dans l'Égypte antique, les prêtres l'utilisaient pour recruter les élites.
Pythagore la rapporte en Grèce et l'utilise pour sélectionner ses élèves.
Hippocrate et les médecins grecs l'ont analysée.
Aristote écrit le premier traité de physiognomonie.
Les Chinois s'en servaient pour prédire l'avenir des gens.
Elle disparaît d'Europe au Moyen Âge pour revenir progressivement à la Renaissance.
Voici un exemple sur l'étude du profil :

Profil oblique
Il s'intéresse à ce qui bouge, change, évolue.
Il a besoin de liberté, d'espace, de projets.
Il recherche la vitesse, le changement.

Qualités : dynamique, autonome, rapide.
Défauts : instable, immature, fuyant.
Ses valeurs : la liberté, l'optimisme, l'ouverture.
Exemples : Alexandre le Grand, Ayrton Senna, Napoléon Ier, Jacques Chirac, Nicolas Sarkozy, Ségolène Royal.

Profil vertical

Il s'intéresse aux faits, aux chiffres, à l'argent.
Il a besoin de stabilité, de temps, de sécurité.
Il recherche la maîtrise des choses, des gens.
Qualités : sang-froid, efficacité, stabilité.
Défauts : froideur, lenteur, méfiance.
Ses valeurs : mieux vaut tenir que courir.
Exemples : Talleyrand, Édouard Balladur, Lionel Jospin, Sigmund Freud, Catherine Deneuve, Laurent Fabius.

"Regardez Jésus, il prenait des mots simples, et quand ça se compliquait, il faisait des paraboles. C'est ça, un bon animateur télé." [Jacques Martin (1933-2007)]

C'est quoi ton p'tit nom ?

Nous avons tous été affublés d'un surnom dans notre enfance, qui nous colle à la peau au fil de notre vie. Pour certaines personnes, ces surnoms peuvent arriver plus tard. Mais ils sont toujours porteurs d'un trait de caractère ou d'une particularité physique.

Voici les surnoms des célébrités :

Johnny Depp : Mister Schlingue

George Clooney : Georgous George

Kate Moss : la Brindille

Nicole Kidman : Storky (cigogne)

Anna Wintour : Nuclear Wintour

Michael Jackson : Bambi

Karl Lagerfeld : Le Kaiser (empereur, en allemand)

Naomi Campbell : la Panthère noire

Jean Paul Gaultier : l'Enfant terrible

Cameron Diaz : Skeletor

David et Victoria Beckham : Posh and Becks

Tom Cruise et l'actrice de Dawson, Katie Holmes : TomKat

PISSE TROIS GOUTTES

Les Bisounours s'appellent les Calinours pour les francophones du Canada, où "bizoune" désigne le sexe masculin dans le parler populaire québécois.

Gisèle Bündchen : Olive Oyl (la femme de Popeye)

Leonardo Di Caprio : Leonardo Retardo

Céline Dion : canine Dion

Keanu Reeves : the Wall (le mur, à cause de son regard)

Myke Tison : Iron Mike

Madona : la Madone

Denis Richards : Fish Lips (lèvres de poisson)

Édith Piaf : la Môme

Charles Trenet : le Fou chantant

Pelé : le Roi

David Beckham seul : le Spice Boy

Eddy Mtichell : Schmoll

Michael Schumacher : Schumi

Elvis Presley : The King

“La différence entre les femmes et les coïncidences, c’est qu’il y a des coïncidences qui ne trompent pas.” [Patrick Sébastien]

Bourbaki

Nicolas Bourbaki est un mathématicien imaginaire, sous le nom duquel un groupe de mathématiciens francophones, formé en 1935, en Auvergne, a commencé à écrire et à éditer un traité sur les mathématiques. Ils pensaient alors que trois ans seraient suffisants pour mener l'entreprise à son terme. En fait, le premier chapitre nécessitera quatre ans de travail.
Cette œuvre est à ce jour inachevée. Elle a eu une influence notable sur l'enseignement des mathématiques et sur son évolution au 20e siècle.
Un grand mathématicien dira : "Notre époque assiste à la création d'un ouvrage monumental : un exposé de la totalité des mathématiques d'aujourd'hui."

Pour publier des textes de mathématique, il fallait donner une identité à son auteur.

LES POTINS DE DAME PIPI

Haut en couleur

- La langue de la girafe est noir-bleu
- Le sang de la pieuvre est bleu
- L'œil du merle noir est jaune orangé
- Le flamand rose à sa naissance est gris
- L'œil de la tortue verte est blanc
- La langue du dragon de Komodo est du jaune au rose
- Le petit panda est roux et blanc
- Le beluga naît gris
- Les araignées ont le sang transparent

Le nom de Bourbaki découle d'un canular. Un élève de l'École normale supérieure qui s'était fait passer pour un faux professeur, avec une fausse barbe, donna une fausse conférence et démontra, avec brio, un faux théorème du nom de Bourbaki.
Cette histoire amusa tant le groupe que ce nom fut choisi.
Il ne restait plus qu'à trouver une nationalité, et on décida que Bourbaki viendrait de Poldévie. Un pays tout aussi imaginaire d'Europe centrale.
Parmi les règles qui organisent ce groupe secret de mathématiciens, il est décidé qu'à l'âge de 50 ans tout membre de Bourbaki devra céder sa place aux jeunes générations.
Les noms des membres actuels de Bourbaki sont tenus secrets.

"Ce n'est pas le chemin qui est difficile, c'est le difficile qui est le chemin." [Sören Kierkegaard]

LE PETIT COIN DES LISTES

Un pour tous, tous pour moi

Le slogan politique ou slogan de campagne est un élément primordial de l'image et de la communication lors d'une campagne.

Charles de Gaulle, en 1965 : J'ai sept ans, laissez-moi grandir.

Valéry Giscard d'Estaing, en 1974 : Giscard à la barre.

François Mitterrand, en 1981 : La force tranquille.

Coluche, en 1981 : Jusqu'à présent la France est coupée en deux, avec moi elle sera pliée en quatre !

Raymond Barre, en 1988 : Du sérieux, du solide, du vrai.

Noël Mamère, en 2002 : Choisir sa vie.

Olivier Besancenot, en 2002 et 2007 : Nos vies valent plus que leurs profits.

José Bové, en 2007 : Osez Bové.

LE PETIT COIN DES JEUX
Les énigmes du Père Fouras, Fort Boyard

1. Pas très aimé des citadins,
Enfants et vieux aiment l'attirer ;
Il peuple pourtant toits et jardins,
Des escrocs, il est le jouet.

2. C'est la partie intégrante d'un pont ;
Le rendre, c'est en avoir ras-le-bol ;
Contre les taches, c'est une protection.

3. Redoutable machine de guerre,
des murs lui cédèrent naguère.
Généralement, il blatère ;
C'est aussi un signe de naissance.

4. Oiseau des champs
Au cri strident,
Il est l'auteur anonyme de lettres
pousse-au-crime.

5. Son droit est bien lucratif,
Et présente divers tarifs.
Il voyage à travers le monde entier,
Et peut s'échanger sur les marchés.

Réponses : 1. Le pigeon - 2. Le tablier - 3. Le bélier - 4. Le corbeau - 5. Le timbre

Philippe Poutou, en 2012 : Aux capitalistes de payer leurs crises !

Jacques Cheminade, en 2012 : Un monde sans la City ni Wall Street.

Herbert Hoover (États-Unis), en 1928 : A Chicken in Every Pot. A car in every garage (Un poulet dans chaque casserole, une voiture dans chaque garage).

Franklin Delano Roosevelt (États-Unis), en 1944 : Don't change horse in midstream (Ne changez pas de cheval au milieu du gué).

Dwight D. Eisenhower (États-Unis), en 1952 : "I like Ike", et quatre ans plus tard, "I still like Ike" (Ike était son surnom : j'aime Ike, j'aime encore Ike).

George W. Bush (États-Unis), en 2004 : Yes, America Can !
(Oui, l'Amérique peut !).

**Barack Obama (États-Unis), en 2008 : Yes We Can !
(Oui, nous le pouvons !)**

LE PETIT COIN DES LISTES

L'origine des mots : l'étymologie

D'où viennent ces mots que nous employons ?

Ces mots ont traversé des siècles, se sont transformés, pour parfois changer de sens.

Ammoniac : du grec ammôniakon – gomme ou sel recueilli près du temple de Jupiter Ammon, en Libye.
Angoisse : du latin angustia – lieu resserré (l'angoisse serre la gorge).
Assassin : de l'arabe hachchâchin – buveur de hachisch.
Baccalauréat : du latin bacca laurea – baie de laurier (dont on couronnait les vainqueurs).
Boucher : de bouc, celui qui vend de la viande de bouc.
Boulimie : du grec boulimia, de bous, bœuf, et limos, faim – une faim de bœuf.
Calcul : du latin calculus – caillou, référence au temps où on comptait avec des cailloux.
Candidat : du latin candicus – blanc (les candidats aux fonctions publiques à Rome s'habillaient en blanc).
Carotide : du grec karôtis – assoupir. On attribuait à ces artères la cause du sommeil.
Étonner : du latin extonare – de tonus, tonnerre, comme frappé par le tonnerre.
Handicap : de l'anglais hand in cap – main dans le chapeau était un jeu.
Jovial : de l'italien gioviale – né sous le signe de Jupiter, présage d'une heureuse destinée.
Porcelaine : de l'italien porcellana, coquillage – vient de porcella, truie – par comparaison avec la vulve de la truie.
Pupille : du latin pupilla – petite fille, à cause de la petite image reflétée dans la pupille.
Salaire : du latin salarium, de sal – sel, argent pour acheter du sel, puis solde militaire.

LE PETIT COIN DES BLAGUES

Le soir de la Saint-Patrick, Kevin fait le tour des pubs avec Maggy, sa souris apprivoisée. À chaque bar, il se commande un verre de whisky et une goutte pour Maggy. Tard dans la nuit, Kevin rentre dans la cour de son immeuble en chantant à tue-tête. Maggy n'est visiblement pas en meilleur état. Une fenêtre s'ouvre, un voisin baraqué et très en colère leur crie : C'est pas bientôt fini ce bordel ! Kevin, fin saoul, répond en braillant :

– Qu'est-ce t'as, toi ? Descends si t'es un homme !

Et la souris de rajouter :

– Ouais, et amène ton chat aussi !

LA QUESTION DE DAME PIPI

Pourquoi le serpent à sonnette sonne ?

Le serpent à sonnette, ou crotale, doit son nom au petit organe situé au bout de sa queue, la cascabelle.

Le serpent mue régulièrement et, au fur et à mesure de sa croissance, toute l'ancienne peau se détache, à l'exception des dernières écailles de la queue. La cascabelle est donc formée de restes de mues, formant des anneaux d'écailles plus ou moins mobiles.

Lorsque le serpent agite la queue, les écailles sont mises en mouvement et se frottent les une contre les autres. Elles émettent alors un crissement sec caractéristique.

Selon certains scientifiques, les crotales, qui vivent proches de troupeaux d'herbivores à sabots, ont progressivement développé ce système sonore pour prévenir de leur présence et éviter de se faire piétiner.

“Le mariage simplifie la vie et complique la journée.” [Jean Rostand]

Musique

Le Festival de Woodstock (Woodstock Music and Art Fair, ou Woodstock) est un festival de musique et un rassemblement emblématique de la culture hippie des années 1960. Il eut lieu à Bethel (près de Woodstock), aux États-Unis, sur les terres d'un fermier. Organisé pour se dérouler du 15 au 17 août 1969 et accueillir 50 000 spectateurs, il en hébergea finalement plus d'un demi-million et se poursuivit un jour de plus.

Le festival accueillit les concerts de 32 groupes et solistes de musiques folk, rock, soul et blues. Le budget de rémunération des artistes atteignit au total 200 000 dollars. C'est l'un des plus grands moments de l'histoire de la musique populaire, classé par le magazine *Rolling Stone* parmi les 50 moments qui ont changé l'histoire du rock and roll.

Programmation :

Vendredi :

- ♦ Richie Havens
- ♦ Sweetwater
- ♦ Bert Sommer
- ♦ Tim Hardin
- ♦ Ravi Shankar
- ♦ Melanie
- ♦ Arlo Guthrie
- ♦ Joan Baez

Samedi :

- ♦ Quill
- ♦ Country Joe McDonald
- ♦ John Sebastian
- ♦ Keef Hartley Band
- ♦ Santana
- ♦ The Incredible String Band
- ♦ Canned Heat
- ♦ Grateful Dead
- ♦ Creedence Clearwater Revival
- ♦ Janis Joplin
- ♦ Jefferson Airplane
- ♦ Sly & The Family Stone
- ♦ The Who

Dimanche :

- ♦ Joe Cocker
- ♦ Country Joe & The Fish
- ♦ Mountain
- ♦ Ten Years After
- ♦ The Band
- ♦ Johnny Winter
- ♦ Blood, Sweat and Tears
- ♦ Crosby, Stills, Nash & Young

Lundi :

- ♦ Paul Butterfield Blues Band
- ♦ Sha Na Na
- ♦ Jimi Hendrix

“Un sot ne dit pas de choses intelligentes, mais un homme intelligent dit beaucoup de bêtises.” [Garabet Ibraileanu]

LES ASTUCES DE DAME PIPI

Pour nettoyer des objets en plâtre, dépoussiérez avec un pinceau ou une brosse. S'ils sont vraiment ternis : préparez une pâte à base d'eau et d'amidon de manière qu'elle ait la consistance d'une pâte à crêpe. Enduisez-en soigneusement le plâtre à nettoyer. Laissez sécher et brossez. La pâte se détache par écailles… et les poussières et les souillures légères disparaissent.
Pour protéger des objets en plâtre à l'extérieur : les enduire de paraffine chauffée au fer à repasser.
Pour travailler le plâtre plus facilement, remplacez l'eau de gâchage par de la bière.

PISSE TROIS GOUTTES

Un magasin australien fait payer une amande de 4 euros à toute personne qui sort du magasin sans rien acheter. Une façon, selon la direction du magasin, de lutter contre le "showrooming", une pratique qui consiste à repérer en boutique avant d'acheter sur Internet.

"Chexpire ! On croirait entendre mourir un Auvergnat." [Alphonse Allais]

Soleil

Le Soleil occupe une place dominante dans chaque culture. Symbole de vie et de pouvoir, il fut longtemps adoré comme un dieu ou une déesse, selon les civilisations.
En Chine, on raconte qu'au commencement du monde se trouvaient dix soleils qui vivaient ensemble dans les branches d'un arbre géant. Chaque jour, l'un des soleils était autorisé à se lever et à grimper jusqu'au sommet de l'arbre. Il partait alors dans un char tiré par six dragons pour accomplir sa ronde dans le ciel. Une fois sa tâche accomplie, il rejoignait ses frères au pied de l'arbre géant, et l'obscurité retombait sur la Terre.
Les astres se levaient ainsi à tour de rôle. Jusqu'au jour où ils décidèrent de partir tous en même temps, infligeant aux hommes une chaleur intolérable. La Terre fut grillée, des monstres sortirent de nulle part, et les hommes faillirent mourir de soif et de faim.

Dieux ou déesses du soleil :

Aztèque : quatre soleils pour quatre civilisations détruites par un cataclysme. Dans le cinquième monde vint Tonatiuh

L'Égypte antique : Râ (ou Rê)

Panthéon grec : Hélios

Mythologie romaine : Sol

Mythologie nordique (féminin) : Sól

Japon (féminin) : okami Amaterasu

Inde : Surya

Celte : Belenos

Mythe babylonien : Shamash

Mythe perse : Mithra

PISSE TROIS GOUTTES

Les études de l'ADN de l'éléphant montrent qu'il a des points en commun certains avec les lamantins et les dugongs. Ces deux animaux sont des gros mammifères marins. Ce lien de cousinage laisse penser que ces animaux avaient un ancêtre commun, qui devait vivre dans l'eau.

LE PETIT COIN DES JEUX

1. Sur un navire à voile, le foc et le spinnaker sont :
a) Des mâts
b) Des voiles
c) Des manivelles

2. Un putsch est :
a) Un effondrement brutal des valeurs boursières
b) Un soulèvement populaire massif
c) Un coup d'État réalisé par un groupe armé

3. Le sportif Georges Carpentier fut un célèbre :
a) Coureur cycliste
b) Boxeur
c) Footballeur

Réponses : 1b - 2c - 3b

"Une beauté est une femme que vous remarquez ; une femme charmante est celle qui vous remarque." [Adlai Ewing Stevenson]

Entartons, entartons les pompeux cornichons !

L'entartage ou attentat pâtissier est un acte qui consiste à lancer ou, le plus souvent, à "écraser" une tarte à la crème (ou, plus simplement, une assiette en carton remplie de crème fouettée) à la figure d'une personnalité lors d'un événement public, pour souligner, selon les auteurs, l'absurdité des propos ou des actions de la "victime".

L'entartage a pour origine la célèbre bataille de tartes à la crème du film muet *The Battle of the Century*, avec Laurel et Hardy, réalisé par Clyde Bruckman, en 1927.

Il existe quelques entarteurs dont l'un des plus célèbres est le Belge Noël Godin, qui compte, parmi ses victimes :

Marguerite Duras
Bernard-Henri Lévy (6 fois entarté)
L'historien Henri Guillemin
Jean-Pierre Elkabbach
Philippe Douste-Blazy
Benjamin Castaldi
Bill Gates
Doc Gynéco
Le ministre belge
Édouard Poullet
Jean-Luc Godard
Marco Ferreri
Maurice Béjart
Nicolas Sarkozy
Pascal Sevran
Patrick Bruel
Patrick Poivre d'Arvor

Musiques interdites

Peu de temps après les attentats du 11 septembre, Clear Channel envoya à ses stations de radio (environ 1 200) et de chaînes télévisées une liste de titres de chansons, en recommandant de ne pas les diffuser, considérant qu'elles comportaient des paroles douteuses.

La liste fut l'objet de l'attention des médias américains au moment de sa diffusion :

AC/DC	(7 chansons)
Louis Armstrong	*(What a Wonderful World)*
Beastie Boys	(*Sabotage, Sure Shot*)
The Beatles	*(A Day in the Life, Lucy in the Sky with Diamonds, Ob-La-Di, Ob-La-Da, Ticket to Ride)*
Black Sabbath	*(Sabbath Bloody Sabbath, War Pigs)*
Blue Öyster Cult	*(Burnin' for You)*

David Bowie and Mick Jagger	*(Dancing in the Street)*
The Clash	*(Rock the Casbah)*
Phil Collins	*(In the Air Tonight)*
The Doors	*(The End)*
Bob Dylan	*(Knockin' on Heaven's Door)*
Guns N' Roses	*(Knockin' on Heaven's Door)*
Lenny Kravitz	*(Fly Away)*
Led Zeppelin	*(Stairway to Heaven)*
John Lennon	*(Imagine)*
Jerry Lee Lewis	*(Great Balls of Fire)*
Metallica	*(Enter Sandman, Fade to Black, Harvester of Sorrow, Seek & Destroy)*
Alanis Morissette	*(Ironic)*
Nine Inch Nails	*(Head Like a Hole)*
Pink Floyd	*(Mother, Run Like Hell)*
Elvis Presley	*([You're the] Devil in Disguise)*
The Pretenders	*(My City Was Gone)*
Queen	*(Another One Bites the Dust, Killer Queen)*
Rage Against the Machine	*(Toutes les chansons)*
Red Hot Chili Peppers	*(Aeroplane, Under the Bridge)*
R.E.M.	*(It's the End of the World as We Know It [And I Feel Fine])*
The Rolling Stones	*(Ruby Tuesday)*
Simon and Garfunkel	*(Bridge Over Troubled Water)*
Frank Sinatra	*(New York, New York)*
The Smashing Pumpkins	*(Bullet with Butterfly Wings)*
Bruce Springsteen	*(I'm Goin' Down, I'm on Fire, War)*
Cat Stevens	*(Morning Has Broken, Peace Train)*
System of a Down	*(Chop Suey!)*
Talking Heads	*(Burning Down the House)*
U2	*(Sunday Bloody Sunday)*
Van Halen	*(Jump, Dancing in the Street)*
Etc.	

Une ville pour laquelle on se bat

Jérusalem fut le théâtre de plusieurs sièges :
Le siège de – 701, lors de la campagne assyrienne contre le royaume de Juda.

Le siège de – 586, victoire des Babyloniens sur le royaume de Juda, prise de la ville.

Le siège de 70, victoire des Romains sur les Juifs de Judée, prise de la ville.

Le siège de 614, victoire du général sassanide Schahr-Barâz sur les Byzantins, prise de la ville.

Le siège de 637, victoire du calife arabe Omar ibn al-Khattâb sur les Byzantins, prise de la ville.

Le siège de 1071, victoire des Turcs Seldjoukides sur les Arabes Fatimides, prise de la ville.

La reprise de la ville par les Fatimides, en 1098.

Le siège de 1099, victoire des Croisés, partis en 1095, sur les Fatimides, prise de la ville.

Le siège de 1187, victoire des Ayyoubides sur le royaume de Jérusalem, prise de la ville.

La bataille de 1948, à l'issue de laquelle la ville fut partagée entre Israël et la Jordanie.

La bataille de 1967, victoire israélienne sur la Jordanie.

“Coucher avec un vieux, quelle horreur ! Mais avec un jeune, quel travail !” [Alice Sapritch]

LES CONFIDENCES DE DAME PIPI

Le test du crayon

L'application de l'apartheid exigeait, au départ, un recensement de tous les habitants, une classification des groupes raciaux, une séparation des races (ségrégation résidentielle, emploi, droits, etc.).
L'extrême imbrication des races en Afrique du Sud et la fragilité des critères légaux rendent cette classification difficile, souvent arbitraire, et humainement toujours dramatique.
Le Population Registration Act de 1950 (aboli en juin 1991) répartissait la population en quatre groupes ethniques principaux : Bantous (Noirs africains), Européens (Blancs), Métis (Coloured) et Asiatiques (Indiens).
Le test du crayon était l'un des tests susceptibles de déterminer si une personne était noire ou métis. On plaçait alors un crayon dans la chevelure de la personne testée : s'il tombait de lui-même, la personne était considérée comme non noire (dans l'esprit des ségrégationnistes, les cheveux crépus, caractéristique capillaire d'une personne noire, devaient retenir le crayon).
Cependant, des membres d'une même famille pouvaient obtenir des résultats divergents du fait que chaque individu possède une texture de cheveux qui lui est propre et qui n'est pas nécessairement liée à son origine ethnique. Ainsi, ces personnes se trouvèrent parfois dans l'obligation de vivre à l'écart de leurs proches à la suite d'une reclassification totalement aléatoire.

Pour des décollages réussis

La vitesse de libération est, en physique, la vitesse que doit atteindre un objet pour échapper définitivement à l'attraction gravitationnelle d'un astre (planète, étoile, etc.) et s'en éloigner indéfiniment. Autrement formulé, c'est la vitesse minimale que doit atteindre théoriquement un corps pour s'éloigner indéfiniment d'un astre en dépit de l'attraction gravitationnelle de ce dernier.
La sonde Luna 1 fut, en 1959, le premier objet construit à atteindre la vitesse de libération terrestre lors de son trajet en direction de la Lune.

Vitesse qu'il faut pour s'extirper de leur attraction :

Soleil	617,5 km/s
Jupiter	59,5 km/s
Saturne	35,6 km/s
Neptune	23,6 km/s
Uranus	21,2 km/s
Terre	11,2 km/s
Vénus	10,3 km/s
Mars	5,0 km/s
Mercure	4,3 km/s
Lune	2,4 km/s

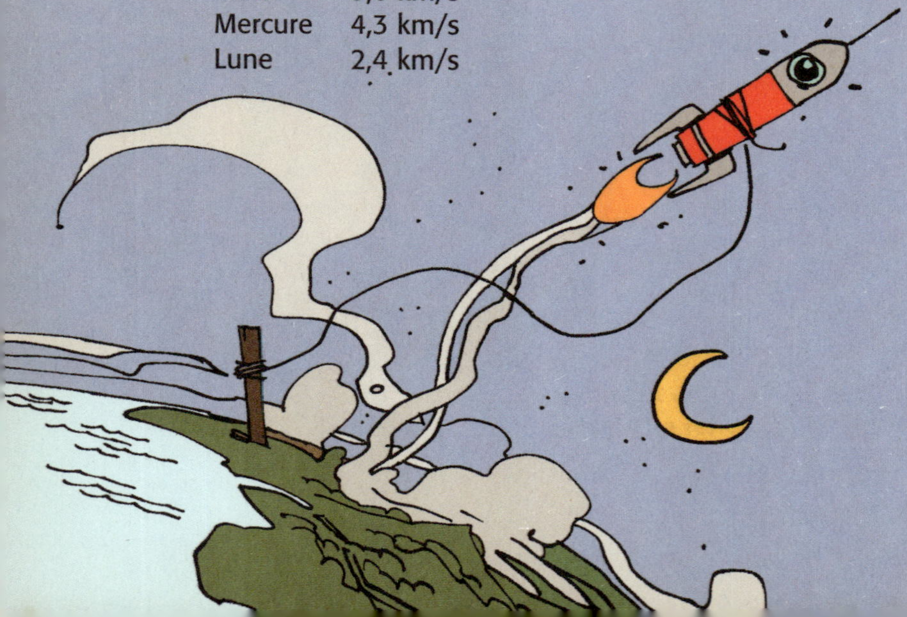

PISSE TROIS GOUTTES

Le kraken est une créature de la mythologie scandinave, décrite comme une pieuvre géante capable d'engloutir des navires. Ce mythe a été étudié par les cryptozoologues et il s'avéra que des calmars géants longs de dix mètres existent bel et bien.

LE PETIT COIN DES BLAGUES

Comment identifier la nationalité des visiteurs du Mondial de l'Automobile ?

- L'Allemand regarde le moteur
- L'Anglais regarde les cuirs
- Le Suisse regarde le coffre
- L'Italien regarde le klaxon
- L'Américain regarde la taille
- Le Chinois regarde tout
- Le Belge ne regarde rien
- Le Français regarde la vendeuse

TIREZ LA CHASSE

Le bagne de Poulo Condor est une île-prison en mer de Chine méridionale fondée, vers 1862, par l'administration coloniale française pour interner les prisonniers d'Indochine. Certains prisonniers y étaient enfermés dans des "cages à tigre" ce qui, après des années en position accroupie sans pouvoir se lever, les rendait paraplégiques.

TIREZ LA CHASSE

Seulement 1 % des sacs en plastique sont recyclés chaque année dans le monde. C'est très très peu, d'autant qu'un sac en plastique abandonné dans la nature met plus de 100 ans à se dégrader.
Et pourtant la fabrication d'un sac en plastique demande 18 % d'énergie et 3 % de quantité d'eau en moins que celle d'un sac en papier, tout en produisant également 80 % en moins de déchets. Mieux encore, son recyclage est également beaucoup plus économe ! Pour recycler 0,5 kg de plastique, il faut 91 % d'énergie en moins que pour un poids égal de papier.

LE PETIT COIN DES JEUX

Un peu de logique

1. SEL est à RDK ce que COR est à ?

RIM
DPS
TVL
BNQ

2. Quelle est la suite logique : B3 – F7 – H9 – N ?

10
12
15
18

3. Trouvez les 2 lettres manquantes : LNPR – BEHK – ??LP

DH
PT
ZA
DO

Réponses :
1. La bonne réponse est BNQ : on remplace chaque lettre du mot par celle qui la précède dans l'alphabet.
2. La bonne réponse est 15 : chaque chiffre correspond à la lettre suivante dans l'ordre de l'alphabet.
3. La bonne réponse est DH : l'écart entre les lettres augmente de 1 à chaque fois.

LE PETIT COIN DES LISTES

Noms toujours employés au pluriel

Accordailles
Arrhes
Errements
Pierreries
Affres
Calendes
Fiançailles
Préparatifs
Aguets
Cliques
Frais
Relevailles
Alentours
Complies
Funérailles
Rillettes
Ambages
Condoléances
Gens
Sévices
Annales
Confins
Honoraires
Ténèbres
Appointements
Dépens
Matines
Thermes
Archives
Ébats
Mœurs
Us
Armoiries
Entrailles
Obsèques
Vêpres
Arrérages
Épousailles
Pénates
Victuailles

La nature préservée

Les parcs nationaux représentent, dans le monde, une superficie supérieure à 4,4 millions de km^2, soit un peu plus que la superficie de l'Union européenne.
Ces territoires sont classés par décret, et la faune, la flore et le milieu naturel en général sont protégés des activités humaines. Leur intérêt peut aussi être touristique.
Les parcs nationaux français sont des zones naturelles du territoire français (métropole et DOM-TOM) qui ont été classées en parc national du fait de leur richesse naturelle exceptionnelle.

Parc national de la Vanoise, Rhône-Alpes – 1 961 km^2
Parc national de Port-Cros, PACA – 1 497 km^2
Parc national des Pyrénées, Midi-Pyrénées – 2 535 km^2
Parc national des Cévennes, Languedoc-Roussillon – 3 730 km^2
Parc national des Écrins, Rhône-Alpes – 2 713 km^2
Parc national du Mercantour, PACA – 2 146 km^2
Parc national de la Guadeloupe, Guadeloupe – 2 465 km^2
Parc amazonien de Guyane, Guyane – 33 851 km^2
Parc national de la Réunion, la Réunion – 1 931 km^2
Parc national des Calanques, PACA – 1 580 km^2

TIREZ LA CHASSE

Et si la conquête de la Lune s'était mal passée, il y a 43 ans ?

Au cas où Neil Armstrong et Edwin Aldrin ne seraient jamais revenus sur Terre, le président américain Richard Nixon avait préparé un discours poignant en forme d'éloge funèbre pour rendre hommage aux deux astronautes.

En voici le début :

"Le destin a voulu que les hommes qui sont allés explorer la Lune en paix y resteront pour reposer en paix. Ces hommes courageux, Neil Armstrong et Edwin Aldrin, savent qu'il n'y a pas d'espoir pour leur récupération. Mais ils savent aussi que leur sacrifice est porteur d'espoir pour l'humanité. Ces deux hommes sacrifient leur vie pour le dessein le plus noble de l'humanité : la recherche de la vérité et de la compréhension. Ils seront pleurés par leur famille et amis, par la nation, par le peuple du monde, et par la Terre qui a osé envoyer deux de ses fils dans l'inconnu..."

PISSE TROIS GOUTTES

C'est par une loi du 24 juillet 1873 que fut décidée, pour "expier les crimes" de la Commune de Paris, la construction du Sacré-Cœur de Montmartre.

"Je plains ceux qui ont l'air intelligent ; c'est une promesse qu'on ne peut tenir." [Alain-Fournier]

Le Ballon d'or

Le Ballon d'or est une récompense attribuée au meilleur joueur de football de l'année.

Appelé "Ballon d'or France Football" lors de sa création, en 1956, le trophée était attribué par un jury international composé de journalistes spécialisés. À partir de juillet 2010, il fut attribué par des capitaines de sélections nationales, des sélectionneurs et des journalistes.

Le dernier vainqueur du titre est Lionel Messi, vainqueur du trophée en 2009, 2010, 2011 et 2012. Avec ses quatre trophées, il est le joueur le plus titré depuis la création du Ballon d'or.

Lauréats de plusieurs Ballons d'or

- 4 Ballons d'or : Lionel Messi
- 3 Ballons d'or : Johan Cruyff, Michel Platini, Marco van Basten.
- 2 Ballons d'or : Alfredo Di Stéfano, Franz Beckenbauer, Kevin Keegan, Karl-Heinz Rummenigge, Ronaldo.

LES ASTUCES DE DAME PIPI

Lorsque les carafes en verre sont ternies, vous pouvez essayer d'en récupérer les parois internes en y introduisant des feuilles de thé, des morceaux d'épluchures de pommes de terre, des coquilles d'œufs, du riz. Rajoutez de l'eau savonneuse ou de l'eau vinaigrée. Agitez consciencieusement le tout puis rincez.

Pays représentés

- Pays-Bas et Allemagne : 7 Ballons d'or
- France : 6 Ballons d'or
- Italie, Brésil et Angleterre : 5 Ballons d'or
- Argentine : 4 Ballons d'or
- URSS, Portugal et Espagne : 3 Ballons d'or
- Tchécoslovaquie : 2 Ballons d'or
- Ukraine, Liberia, Irlande du Nord, Hongrie, Écosse, Danemark et Bulgarie : 1 Ballon d'or

"L'important n'est pas d'être différent des autres, mais d'être différent de soi." [Andrew Koenig]

LE PETIT COIN DES LISTES

Le Top 10 des chanteurs américains les mieux payés en 2012

1. Madonna : 34 577 308 $

2. Bruce Springsteen : 33 443 606 $

3. Roger Waters : 21 160 131 $

4. Van Halen : 20 184 709 $

5. Kenny Chesney : 19 148 525 $

6. Dave Matthews Band : 18 903 334 $

7. Tim McGraw : 18 329 167 $

8. Jason Aldean : 17 578 651 $

9. Coldplay : 17 300 144 $

10. Justin Bieber : 15 944 293 $

LA QUESTION DE DAME PIPI

Le saviez-vous ?

Le Bon Roi Dagobert est une chanson burlesque composée, en 1750, en l'honneur de Dagobert et de son ministre, saint Éloi. Elle ne devint à la mode en Île-de-France qu'en 1814, au moment de la première Restauration. Mais en réalité, à travers ces paroles, les royalistes se moquaient de Napoléon Ier, qui la fit d'ailleurs interdire lors des Cent-Jours.

PISSE TROIS GOUTTES

Herbe à savon

La saponaire officinale est une plante commune, vivace. Elle fleurit de juin à septembre. Toutes les parties de la plante, même la racine, moussent légèrement, froissées dans l'eau. Cette mousse a un pouvoir détergent connu. Au Moyen Âge, elle était utilisée pour dégraisser la laine des moutons. La plante s'appelait alors herbe à foulon. Elle servait aussi dans les léproseries pour nettoyer les plaies des lépreux et sera remplacée plus tard par des bains de soufre. La saponaire officinale s'installe aujourd'hui comme plante ornementale dans les jardins.

"Apprends des erreurs des autres. Tu ne peux vivre assez longtemps pour toutes les faire toi-même." [Anna Eleanor Roosevelt]

LE PETIT COIN DES LISTES

Les toutes premières fois

25 avril 1792 : première exécution à la guillotine.

Juillet 1808 : premier baccalauréat.

1er octobre 1829 : premier voyage d'une locomotive à vapeur pour le chemin de fer.

14 juillet 1880 : premier 14 juillet comme Fête nationale.

8 juillet 1885 : première vaccination contre la rage pratiquée par Pasteur.

28 décembre 1895 : première séance de cinématographie par les Frères Lumière.

25 mars 1899 : premier télégramme transmis par TSF à travers la Manche.

10 novembre 1901 : premier prix Nobel.

19 juillet 1900 : premier métro à Paris (inauguration).

16 octobre 1902 : premier criminel confondu grâce aux empreintes digitales, procédé mis au point par Bertillon.

1er juillet 1903 : premier tour de France.

21 décembre 1903 : premier prix Goncourt.

Décembre 1921 : premier bulletin météorologique.

LES CONFIDENCES DE DAME PIPI

La ratification, par le Mississippi, du XIIIe amendement, qui a aboli l'esclavage aux États-Unis, a été officiellement enregistrée le 7 février 2013.

1922 : premier feu rouge à Paris.

26 février 1925 : première grille française de mots croisés.

30 mai 1926 : première fête des Mères.

20 novembre 1930 : premier Maigret écrit par Georges Simenon.

27 avril 1935 : premier programme TV régulier.

23 juin 1946 : premier bikini.

18 décembre 1952 : première greffe du rein.

9 février 1953 : premier livre de poche édité.

22 janvier 1954 : premier tiercé.

Novembre 1956 : première vignette auto.

1957 : premier supermarché en France, à Paris, 17e.

12 mai 1968 : première greffe du cœur.

6 mars 1980 : première femme à l'Académie française : Marguerite Yourcenar.

"Je suis d'avis qu'on inflige des peines très sévères aux condamnés, par exemple en les obligeant à regarder le sport à la télé." [Woody Allen]

Les îles

La France compte de nombreuses îles en métropole dont certaines sont très touristiques, comme l'île de Ré, l'île de Noirmoutier, l'île d'Oléron, l'île de Porquerolles, etc. Mais aussi de nombreuses petites îles moins connues.
Toutefois, les plus grandes îles françaises se situent rarement sur les côtes de l'Hexagone :

1. Grande Terre, Nouvelle-Calédonie – 16 372 km²
2. Corse, Méditerranée – 8 680 km²
3. Grande Terre, îles Kerguelen – 6 675 km²
4. Réunion, la Réunion – 2 512 km²
5. Lifou, Nouvelle-Calédonie – 1 146 km²
6. Martinique, Martinique – 1 128 km²
7. Tahiti, Polynésie française – 1 036 km²
8. Basse-Terre, Guadeloupe – 848 km²
9. Maré, Nouvelle-Calédonie – 657 km²
10. Grande-Terre, Guadeloupe – 586 km²
11. Mayotte, Mayotte – 371 km²
12. Nuku Hiva, Polynésie française – 345 km²
13. Hiva Oa, Polynésie française – 318 km²
14. Miquelon, Saint-Pierre-et-Miquelon – 214 km²
15. Île Foch, îles Kerguelen – 206 km²
16. Oléron, océan Atlantique – 190 km²
17. Raiatea, Polynésie française – 173 km²

TIREZ LA CHASSE

En 1836, en Belgique, dans l'exploitation houillère Léonard de France, des chevaux de mine vivaient à mille pieds de profondeur, sans avoir vu la lumière naturelle depuis quatorze ans.

18. Marie-Galante, Guadeloupe – 158 km²
19. Île de la Possession, îles Crozet – 153 km²
20. Île des Pins, Nouvelle-Calédonie – 141 km²
21. Ouvéa, Nouvelle-Calédonie – 133 km²
22. Moorea, Polynésie française – 132 km²
23. Île de l'Est, îles Crozet – 122 km²
24. Ua Pou, Polynésie française – 112 km²

LE PETIT COIN DES JEUX

1. Quel nombre est la dixième partie d'un quart de la cinquième partie de la moitié de 14 000 ?

35
70
350
1 125,50

2. Quel nombre complète cette suite logique : 144 – 121 – 100 – 81 ?

36
53
59
64

Réponses : 1. La bonne réponse est 35 : la cinquième partie de la moitié (soit le dixième) de 14 000 est 1 400, divisé par 4 = 350, etc.
2. La bonne réponse est 64 : le nombre soustrait diminue de 2 à chaque fois (144 – 23 = 121, 121 – 21 = 100, 100 – 19 = 81, 81 – 17 = 64).

LES CONSEILS DE DAME PIPI

Calories de la boulangère

Une baguette classique vaut de 500 à 700 calories environ, ce qui représente, au minimum, 25 morceaux de sucre. Vous pouvez prendre 40 grammes environ de pain par repas, cela n'aura pas de répercussions négatives sur votre poids, à condition que votre alimentation soit équilibrée. Choisissez du pain complet, de préférence bio, et évitez le pain blanc industriel à base de farine blanche, qui est raffinée et pauvre en nutriments.

Baguette : 285 calories pour 100 g

Pain de mie : 264 calories pour 100 g

Croissant : 180 calories

Pain au chocolat : 300 calories

Pain au lait : 128 calories

Pain aux raisins : 267 calories

Chausson au pommes : 207 calories

Croissant au beurre : 404 calories

Croissant aux amandes : 451 calories

Beignet à la confiture : 175 calories

Crêpe nature : 60 calories

LA CULTURE PAS CHIANTE

L'origine de la Cour des comptes française

Les comptes fiscaux du royaume voyageaient avec les rois de France lors de leurs pérégrinations. Mais en 1194, lors de la bataille que Richard Ier d'Angleterre mena contre Philippe II de France, le souverain anglais fit main basse sur les coffres contenant les comptes du royaume de France et refusa de les restituer. Philippe II décida qu'à l'avenir les comptes seraient mis en sécurité. Il installa un embryon de Chambre des comptes dans l'île de la Cité, le Trésor étant gardé à la Tour du Temple.

LE PETIT COIN DES JEUX

1. Quel film français a obtenu le premier César, à sa création, en 1976 ?

a) *Le Vieux Fusil*
b) *Les Choses de la vie*
c) *L'homme qui aimait les femmes*
d) *L'amour en fuite*

2. Qui est le réalisateur d'*Hôtel du Nord* ?

a) Jean Renoir
b) René Clair
c) Marcel Carné
d) Jacques Becker

Réponses : 1a - 2c

"Je mets toujours les dieux au pluriel, de peur qu'il y en ait un qui le prenne mal." [Serge Gainsbourg]

Expressions ou néologismes politiques

Les idées politiques sont parfois diffusées grâce à ces expressions nouvelles et à ces néologismes destinés à être diffusés par les médias.

Raffarinade, terme péjoratif forgé sur celui de “lapalissade”.

Chiraquie, terme péjoratif relatif à l’entourage de Jacques Chirac.

Bushisme désigne de façon moqueuse les erreurs de George W. Bush lors de ses interviews.

Busherie, terme désignant de façon péjorative la politique de George W. Bush et la guerre en Irak.

Lepénisation des esprits, désignant l’acceptation progressive, réelle ou supposée, des thèses de Jean-Marie Le Pen par les Français.

Omniprésident, terme péjoratif pour qualifier la médiation de Nicolas Sarkozy, jugée excessive.

Merkozy, surnom donné par la presse au duo formé par Angela Merkel et Nicolas Sarkozy ; déjà repris dans Merkhollande, surnom donné par la presse au duo formé par Angela Merkel et François Hollande.

Mitterrandien, terme plus ou moins neutre, selon le contexte, pour les partisans des personnes politiques. Tout comme chiraquien, sarkozyste, lepeniste, villepiniste.

Abracadabrantesque, néologisme inventé par Arthur Rimbaud et remis au goût du jour par Jacques Chirac afin de caractériser une idée sans fondement.

Bravitude, employé par Ségolène Royal lors de la campagne présidentielle de 2007, et qui signifie, selon Jack Lang, "plénitude d'un sentiment de bravoure".

Pschitt, onomatopée utilisée par Jacques Chirac pour caractériser une argumentation qui s'effondre.

Sidaïque et sidatorium, termes controversés inventés ou rendus publics par Jean-Marie Le Pen, pour qualifier les malades du sida.

La rilance de Christine Lagarde, à propos de la politique économique de la France, faite de relance et de rigueur budgétaire, en 2010.

Une martinade, du nom du chroniqueur québécois Richard Martineau, désigne "une pensée de très courte amplitude qui fait passer la boutade pour de l'esprit critique". Évoque le terme québécois tartinade (pâte à tartiner).

"Nous sommes tous des vers… Mais je crois que je suis un ver luisant." [Winston Churchill]

LE PETIT COIN DES LISTES

Le saviez-vous ?

Un chat roux, ça n'existe pas.

Le LOOF s'est vu confier la gestion du Livre d'origine de l'espèce féline, en France, depuis 1996, par le ministère de l'Agriculture.

Les couleurs des chats y sont très codifiées :

- **noir** (Seal chez les colourpoint) ;
- **bleu :** gris ardoise, issu d'une "dilution" du noir ;
- **chocolat :** plusieurs variations du brun ;
- **lilas** (Lilac) : c'est un beige rosé très pâle, dilution de la couleur chocolat ;
- **cannelle** (Cinnamon ou Sorrel) : un brun-roux surtout présent chez les orientaux ;
- **fauve** (Fawn) : beige clair tirant sur le roux, dilution de la couleur cannelle ;
- **rouge :** c'est le roux orangé commun, porté par le chromosome X ;
- **crème :** dilution du rouge ;
- **blanc ;**
- **l'ambre**, l'ambre clair et l'abricot, reconnues dernièrement, uniquement pour la race des norvégiens.

LE PETIT COIN DES JEUX

Cherchez l'intrus

a) S'esquiver
b) Se réfugier
c) Détaler
d) S'évader

a) Métro
b) Train
c) Voiture
d) Bus

a) *Le Parisien*
b) *Le Canard enchaîné*
c) *Le Figaro*
d) *Le 20 minutes*

a) Tomate
b) Choux
c) Haricot
d) Carotte

Réponses : 1b - 2c (transport individuel et non pas en commun) 3d (qui est un gratuit) - 4a (qui est un fruit)

D'autre part, des motifs plus ou moins marqués peuvent orner ces robes. On distingue en tout huit patrons qui peuvent être plus ou moins complexes :

- **solide :** pelage uni ;
- **tabby :** pelage rayé ou tacheté ;
- **colourpoint :** coloration spécifique sur le bout des pattes, la queue et le visage ;
- **particolore :** bicolore ou colourpoint "ganté", avec des taches de blanc plus ou moins grandes.
- **tricolores :** écaille de tortue ou calico : trois couleurs de base mélangées ou non ;
- **mink et sépia :** variations de nuances entre le colourpoint et le solide.

Les mâles, pour des raisons génétiques, ne peuvent avoir qu'une seule ou deux couleurs à la fois (sauf exceptions) ; seules les femelles, en principe, peuvent en comporter trois.

"Sur le plus haut trône du monde, on n'est jamais assis que sur son cul." [Michel Eyquem de Montaigne]

Les voitures qui coûtent le moins cher à l'usage

***L'Argus* a publié son étude portant sur le prix de revient kilométrique de près de 10 000 modèles de voitures.**

1. Renault Twingo 1.2 LEV 16v
10 000 km la première année = 0,28 euro/km

2. Dacia Logan 1.2 16v 75 E5
10 000 km la première année = 0,46 euro/km

3. Smart Fortwo coupe 61ch mhd Pure Softouch
10 000 km la première année = 0,48 euro/km

4. Ex aequo : Suzuki Alto 1.0
10 000 km la première année = 0,48 euro/km

5. Seat Mii 1.0 E-Eco Reference 3
10 000 km la première année = 0,50 euro/km

6. Dacia Sandero 1.2 16v Ambiance
10 000 km la première année = 0,51 euro/km

7. Ex aequo : Dacia Dokker 1.5 dCi 75 Ambiance eco
10 000 km la première année = 0,51 euro/km

Au bas du classement, on retrouve cette année l'Infiniti FX37S Premium BVA, qui devient le véhicule le plus onéreux à l'utilisation, à 4,56 euros du kilomètre.

LES ASTUCES DE DAME PIPI

Pour raviver le papier peint non lavable : outre un dépoussiérage classique, vous pouvez le rafraîchir en le frottant légèrement avec de la mie de pain un peu rassise. Le tout est de procéder avec ordre et méthode, pour ne pas oublier un endroit.

TIREZ LA CHASSE

Trop tard

Le loup marsupial, loup de Tasmanie ou encore tigre de Tasmanie était largement répandu en Australie et en Nouvelle-Guinée, il y a plusieurs milliers d'années.
Le gouvernement de Tasmanie a présenté, le 10 juillet 1936, son projet de protection officielle de ce loup, 59 jours seulement avant la mort en captivité du dernier spécimen connu.

"Yaourt allégé, ça veut dire : ils enlèvent du gras, ils ajoutent du prix." [Anne Roumanoff]

LE PETIT COIN DES LISTES

La fabrique des doubles

L'embryologiste chinois Tong Dizhou fut le premier à cloner un animal (une carpe), en 1963, trente-trois ans avant la brebis Dolly. Il publia ses recherches dans un magazine scientifique chinois qui ne semble pas avoir été traduit à l'époque.

Cette technique a permis de cloner les animaux suivants :

Une carpe : 1963, premier clone artificiel issu de cette technique.
Une brebis, Dolly, premier mammifère cloné, en 1996.
Une souris, Cumulina, en 1997.
Une vache, Marguerite, clonée par l'INRA, en 1998.
Cinq petits cochons : Millie, Christa, Alexis, Carrel et Dotcom, clonés en mars 2000.
Un gayal (une espèce de bœuf sauvage, premier clone d'animal en voie d'extinction), Noah, en 2001.
Des taureaux, en 2001.
Un chat, Carbon Copy, ou Copie carbone, en 2001.
Des souris, en 2002.
Six lapins, en 2002, par l'INRA.
Trois mules, Idaho Gem, Utah Pioneer, Idaho Star, en 2003.
Un daim, en 2003.
Une jument, Prometa, en 2003.
Un rat, Ralph, cloné en 2003.
Un drosophile (mouche à vinaigre), en 2004.
Un chat, Little Nicky, premier clone produit à but commercial, en 2004.

LA CULTURE PAS CHIANTE

Ni sucré ni salé

L'umami est l'une des cinq saveurs de base avec le salé, le sucré, l'acide et l'amer. L'umami a un après-goût durable et doux.

On le ressent avec :

le poisson
les crustacés
les viandes fumées
les champignons
les tomates mûres
le chou chinois
les épinards
le thé vert
les fromages
les purées de crevettes
la sauce soja, etc.

Le docteur Hwang annonce avoir cloné la première cellule humaine, mais quelques mois plus tard, il est obligé d'avouer la supercherie (2004).
Un chien, Snuppy, cloné en 2005, en Corée du Sud, par le controversé docteur Hwang.
Un cheval, Paris Texas, en 2005.
Le premier primate, en 2007.
Une souris, congelée depuis seize ans à – 20 °C, est clonée : treize souriceaux ont vu le jour en 2008.
Le premier dromadaire, Injaz, en 2009.
Le professeur sud-coréen Park Se-Pill clone, en 2010, une cellule congelée d'une vache noire aujourd'hui décédée.
Des coyotes, en 2011, en Corée du Sud, par le controversé docteur Hwang.

Toutes ces expériences ont montré que le clonage des mâles est en général plus délicat que celui des femelles. De plus, pour des raisons encore inconnues, seuls 5 à 10 % des œufs fabriqués et réimplantés produisent des clones viables ou en bonne santé apparente. On ne comprend pas non plus pourquoi certaines cellules d'un organisme se clonent mieux que d'autres.
En 2007, il existe près d'un millier de cochons clonés et près de 3 000 bovins.

"C'est toujours les mêmes qu'on cite, pas étonnant qu'ils soient connus." [Michel Audiard]

LE PETIT COIN DES BLAGUES

Un Anglais, un Français et un Russe se trouvent devant un tableau d'Adam et Ève dans le Paradis originel.

L'Anglais dit :

– Regardez leur réserve, leur calme… Ils doivent être anglais.

Le Français dit alors :

– Je ne pense pas. Regardez comme ils sont beaux et impudiques. À mon avis, ils sont français.

Le Russe termine en leur disant :

– Vous n'y êtes pas du tout. Regardez mieux. Ils n'ont pas de vêtements, pas de maison, seulement une pomme à manger et on leur dit que c'est le Paradis ! Ils sont russes, évidemment.

PISSE TROIS GOUTTES

Le logo des sucettes Chupa Chups a été créé par Salvador Dali, en 1969. La signification du nom se résume dans les termes "Chupa", qui signifie sucer, et "Chups", qui symbolise le bruit de la sucette sortant de la bouche.

"Ne dites jamais de quelque chose : c'est acquis. Dites : c'est à moi !" [Roland Bacri]

Écoutons les extra-terrestres

Search for Extra-Terrestrial Intelligence (SETI, que l'on peut traduire par "recherche d'une intelligence extra-terrestre") est un programme d'origine américaine qui date des années 1960. Il regroupe des projets dont le but est de détecter les signaux qu'une intelligence extra-terrestre pourrait émettre, volontairement ou non, depuis sa planète d'origine. Depuis ces années-là, les budgets alloués à ce type d'expériences se sont considérablement réduits. Mais l'écoute de quelque 86 exoplanètes (sur plus de 800 connues) se poursuit.

Une exoplanète, ou planète extrasolaire, est une planète en orbite autour d'une autre étoile que le Soleil. On en a recensé 95 potentiellement habitables, mais sept retiennent particulièrement l'attention. Toutefois, la liste ne cesse de s'allonger.

Jusqu'à ce jour, aucune conversation d'extra-terrestre n'a été entendue.

Les films considérés comme parodiques

Austin Powers, parodie des films d'espionnage de James Bond.

***Le Bal des vampires*, parodie des films sur Dracula.**

Guerre et Amour (*Love and Death*), 1975, de Woody Allen, parodie de *Guerre et Paix* et d'*Alexandre Nevski*, d'Eisenstein.

***Le Grand Frisson* (*High Anxiety*), 1977, de Mel Brooks, parodie des films d'Alfred Hitchcock.**

Frankenstein Junior parodie des films sur Frankenstein.

***Hot Shots!*, parodie de *Top Gun* et de *Rambo*.**

Mars Attacks!, parodie de films de science-fiction.

***Evolution*, parodie de films de science-fiction.**

OSS 117 : Le Caire, nid d'espions, parodie de films d'espionnage.

***Sex Academy*, parodie de films pour ados.**

Scary Movie, parodie de plusieurs films d'horreur et autres (*Scream*, *Sixième Sens*, *Matrix*, *Saw*, etc.).

***Y a-t-il un pilote dans l'avion ?* (*Airplane*), parodie des films catastrophe comme *Airport*.**

Le Magnifique, parodie filmée de la série *S.A.S.*

***Top secret !*, parodie des films d'Elvis Presley et des films sur la Résistance.**

Le Dictateur, de Charlie Chaplin, dont certaines scènes parodient les films de propagande nazie.

***La Folle Histoire de l'espace*, parodie de *Star Wars*.**

Big Movie, parodie des films à succès.

Spinal Tap, fausse parodie d'un groupe de hard rock et de ses tribulations quotidiennes.

***Galaxy Quest*, parodie des films *Star Trek*.**

Superhero Movie parodie les films de super-héros.

***La Tour Montparnasse infernale* parodie le film d'action *Die Hard* (*Piège de cristal*).**

News Movie (*The Onion Movie*) parodie l'information américaine et les films d'action.

***Space Movie* parodie les films de science-fiction.**

Spartatouille (ou *Orgie Movie*) (*Meet the Spartians*) parodie surtout le film *300*.

***Disaster Movie* parodie les films catastrophe.**

Dance Movie (*Dance Flick*) parodie les comédies musicales.

***Sexy Movie* (*Date Movie*) parodie les films sentimentaux.**

Mords-moi sans hésitation parodie la saga *Twilight*.

***Last Action Hero* parodie les films d'action blockbuster comme *L'Arme fatale* ou encore *Piège de cristal*.**

LES SECRETS DE DAME PIPI

Mr. Bean ne fait pas que l'idiot

Rowan Atkinson, comédien britannique, créateur et interprète du personnage de *Mr. Bean*, est diplômé d'universités prestigieuses (Newcastle et Oxford), d'où il est sorti avec une maîtrise en électrotechnique et le titre d'ingénieur. Il a interprété des rôles dans *Jamais plus jamais*, *Quatre mariages et un enterrement*, *Love Actually*, *Johnny English*…

LES ASTUCES DE DAME PIPI

Recette pour faire un baume à lèvres maison et ne plus avoir les lèvres sèches :

- 1 cuillerée à café de miel.
- 1 demi-cuillerée à café d'huile d'amande douce.
- 1 demi-cuillerée à café de jus d'orange pressé.
- 5 gouttes d'huile essentielle de romarin (le romarin fait office de conservateur naturel).

Mélanger le tout. Mettre le mélange dans un petit pot. Appliquer sur les lèvres soir et matin. Conservé au réfrigérateur, il sera efficace et consommable pendant un mois.

"La meilleure façon de résoudre le chômage, c'est de travailler." [Raymond Barre]

Le canard au sang

Inventé, en 1890, par Frédéric Delair, le célèbre **"canard Tour d'Argent"** est servi devant le client selon un rituel très précis. Le canard semi-sauvage, élevé par la célèbre maison Burgaud de Challans, en Vendée, est découpé devant le client par un canardier, puis la carcasse est pressée dans un pressoir en argent (vendu 9 500 euros en boutique) et exsude la dernière goutte dans la sauce (bouillon et foie du canard), à laquelle est ajouté un trait de cognac, de citron et de madère. Les magrets finissent de cuire sur un réchaud. Les canards ainsi cuisinés sont numérotés et un registre des dégustateurs est soigneusement conservé.

Le n° 328, dégusté par le prince de Galles, futur Édouard VII, en 1890.
Le n° 6 043, servi au grand duc Vladimir de Russie, en 1900.
Le n° 40 312 revint au roi Alphonse XIII, en 1914.
Le n° 53 211 pour l'empereur du Japon Hirohito, en 1921.
Le n° 100 000 fut servi en 1929.
Le n° 147 844 fut dégusté par le duc de Windsor, en 1938.
Le n° 200 000 fut préparé en 1949.
Le n° 300 000 en 1961.
Le n° 496 516 a été partagé par Grace de Monaco et sa fille Caroline.
Le n° 500 000 a été consommé en 1976.
Le n° 531 147 a été mangé par Mick Jagger.
Le n° 579 051 a été pour Elizabeth Taylor.
Le n° 692 048 pour Paul McCartney.
Le n° 1 000 000 a été servi en 2003.

À l'origine des noms

Les significations des noms de villes, de pays ou de régions nous apprennent souvent des particularités sur leur histoire, leur topologie, leurs activités ou leurs richesses naturelles, etc. **Voici leur signification :**

Allemagne : l'endonyme Deutsch vient d'une racine indo-européenne qui signifie le peuple, ceux du même peuple.

Amsterdam (Pays-Bas) : digue sur l'Amstel, du nom du fleuve qui traverse la ville.

Andalousie (Espagne) : le mot arabe Al-Andalus était à l'origine appliqué par les Musulmans (les Maures) à toute la péninsule Ibérique. Ce nom signifie probablement pays des Vandales.

Angleterre : le nom Angleterre vient du nom du peuple des Anglii, qui signifie pêcheurs.

Argentine (Amérique du Sud) : pays d'argent.

Barbade (île des Caraïbes) : barbu. L'explorateur portugais Pedro A. Campos nomma ainsi l'île, en 1536 (Os Barbudos, les Barbus), en voyant les longues racines aériennes de certains ficus qui lui faisaient penser à des "barbes".

Belgrade (Serbie) : forteresse blanche.

Biélorussie (pays d'Europe orientale) : Russie blanche.

Bloemfontein (ville d'Afrique du Sud) : source de la fleur.

Casablanca (Maroc) : maison blanche.

Castille (Espagne) : ce toponyme vient de l'espagnol castillo, qui signifie château.

Copenhague (Danemark) : le port des marchands.

Costa Rica (Amérique centrale) : côte riche.

Düsseldorf (Allemagne) : littéralement le village sur la rivière, de Düssel, qui signifie eau, et de Dorf, qui signifie village.

Glasgow (Écosse) : vallon verdoyant.

Hawaii (État des États-Unis) : lieux des dieux.

Îles Féroé : île aux moutons ; apparaît pour la première fois vers 1225, sous la forme Faereyiar.

Islande : pays des glaces.

Italie : du nom du peuple des Italī, d'une racine indo-européenne qui signifie jeunes taureaux.

Lagos (ville du Nigeria) : lacs.

Las Vegas (États-Unis) : la vallée fertile. Il s'agissait d'un lieu-dit marécageux alimenté par des sources artésiennes en plein milieu du désert de Mojave.

Monténégro (pays d'Europe du Sud) : pays de la montagne noire.

Montréal (ville du Québec) : montagne royale.

Munich (Allemagne) : ce sont les moines bénédictins, attirés par les terres fertiles et par la proximité de l'Italie catholique, qui s'installèrent dans ce qui est maintenant Munich, dont le nom vient de Munichen, qui signifie moines.

Munster (ville d'Irlande) : monastère.

Oxford (Angleterre) : ce nom signifie le gué des bœufs.

Piémont (Italie) : au pied des monts (se situe au pied des Alpes).

Porto Rico (île des Antilles) : port riche.

Rajasthan (État du nord-ouest de l'Inde) : pays des rois.

Reykjavik (Islande) : la baie des Fumerolles (vapeurs qui proviennent des sources d'eau chaude de la région).

Rio de Janeiro (ville du Brésil, Amérique du Sud) : rivière de janvier. La baie fut découverte par une expédition portugaise (dont le commandement est attribué à Gaspar de Lemos), le 1er janvier 1502.

Salzbourg (Allemagne) : ville qui tient son nom du sel.

Sicile (Italie) : viendrait d'un mot latin qui signifie petit poignard.

Sierra Leone (État d'Afrique de l'Ouest) : montagne du lion.

Sierra Nevada (Californie, États-Unis) : chaîne neigeuse.

Tripoli (capitale de la Libye) : trois villes. Il s'agit des villes antiques de Oea, Leptis Magna et Sabratha, trio de villes qui a donné son nom à la Tripolitaine.

Yougoslavie : le pays des Slaves du Sud.

1. Qui a écrit *Charlie et la chocolaterie* ?

a) Roald Dahl

b) J. K. Rowling

c) Charles Dickens

2. Combien de films sur Batman Tim Burton a-t-il réalisés ?

a) 1

b) 2

c) 3

d) Aucun

3. Quel est l'acteur principal de prédilection de Tim Burton pour les premiers rôles ?

a) Christopher Lee

b) Michael Keaton

c) Johnny Depp

4. Qui interprète le rôle de Katrina dans *Sleepy Hollow – La Légende du cavalier sans tête* ?

a) Christina Ricci

b) Helena Bonham Carter

c) Lisa Marie

5. Un de ces films n'a pas été réalisé par Tim Burton :

a) *Sweeney Todd : le Diabolique Barbier de Fleet Street*

b) *Pirates des Caraïbes : La Fontaine de jouvence*

c) *Big Fish*

d) *Ed Wood*

e) *Mars Attacks!*

Réponses : 1a - 2b - 3c - 4a - 5b

"Dieu est mort, Marx est mort, et moi-même je ne me sens pas très bien." [Woody Allen]

LA CULTURE PAS CHIANTE

Mais qui est John Doe ?

L'expression est employée dans les administrations anglo-saxonnes pour désigner une personne non identifiée : un blessé inconscient ou un mort n'ayant pas de papiers sur lui est inscrit "John Doe" ("Jane Doe" pour une femme) par l'hôpital.
L'utilisation de John Doe a été retracée, dès 1768, en droit coutumier anglais, où John Doe désignait un plaignant inconnu, alors qu'un accusé anonyme était appelé Richard Roe.

LES ASTUCES DE DAME PIPI

Pour nettoyer les joints moisis : versez-y du jus de citron pur ou de l'eau de Javel. Laissez agir une heure ou deux. Frottez les endroits noircis avec une vieille brosse à dents et reversez-y éventuellement du jus de citron.

PISSE TROIS GOUTTES

Un verre quasi plein est à 99,99999999999999 % vide.

Les molécules d'eau sont constituées d'atomes, eux-mêmes formés de minuscules particules séparées par une grande quantité de vide. Pour autant, une fois plein, un verre ne peut plus accueillir de molécule supplémentaire. Il est donc rempli à 100 %.

"Quand je vois tous ces couples fidèles je me dis que tout le monde peut se tromper." [Roland Bacri]

LE PETIT COIN DES LISTES

Liste d'animaux vivant dans le désert

- **Le chameau**
- Les reptiles (serpents, lézards, surtout la vipère à corne, etc.)
- **La gerbille**
- Le chinchilla (hautes Andes)
- **Le psammomys (rat des sables, rongeur)**
- Le ganga (oiseau)
- **L'oryx**
- La gazelle Dorcade (Sahara)
- **La gazelle leptocère**
- Le zorille du Sahara
- **Le chacal/ coyote/ dingo**
- Le potoroidae (rat-kangourou à nez court)
- **Le fennec**
- Le guépard des sables
- **L'antilope pallas (Antilope cervicapra), dans le désert du Thar**
- La chinkara ou gazelle d'Arabie (*Gazella bennettii*), dans le désert du Thar
- **Le lynx caracal** (*Felis caracal*)**, désert du Thar**
- Le renard du désert (*Vulpes bengalensis*), dans le désert du Thar
- **Le dromadaire**

LE PETIT COIN DES LISTES

Fiabilité des ordinateurs portables

Le cabinet d'assurance SquareTrade a mené une étude concernant la qualité des ordinateurs portables. L'étude a porté sur 30 000 machines bénéficiant d'une garantie chez SquareTrade. Il apparaît qu'un ordinateur sur trois présenterait un problème dans les trois premières années de sa vie. Quant aux netbooks, ils seraient 20 % moins fiables que les portables traditionnels.

1. Asus – taux de dysfonctionnement, 10 %. Entreprise taïwanaise. Les ordinateurs Asus seraient les plus solides.

2. Toshiba – taux de dysfonctionnement de 15,7 %.

3. Sony – taux de dysfonctionnement de 16,8 %.

4. Apple – taux de dysfonctionnement de 17,4 %. Société la plus admirée dans le monde, selon le magazine *Fortune*.

5. Dell – taux de dysfonctionnement de 18,3 %. Entreprise américaine, elle est le troisième plus grand constructeur d'ordinateurs au monde. Majoritairement présente dans les entreprises.

LA CULTURE PAS CHIANTE

Les tubes pneumatiques, ces petits cylindres propulsés par différence de pression, servent de navettes pour acheminer du courrier ou des documents. Ils sont décrits pour la première fois au 1er siècle apr. J.-C. À l'époque victorienne, ils étaient employés pour transmettre des télégrammes depuis les stations de télégraphe jusque dans les immeubles alentour. Dans les années 1800, on envisagea même d'en fabriquer pour le transport de passagers. Ils existent encore dans certaines banques, grandes surfaces et dans certains hôpitaux.

6. Lenovo – taux de dysfonctionnement de 21,5 %. Entreprise ayant atteint, en 2012, le premier rang mondial des fournisseurs de PC. D'origine chinoise, elle produit des ordinateurs, des télévisions et des disques durs.

7. Acer – taux de dysfonctionnement de 23,3 %. Fondé à Taïwan, Acer est connu pour ses ordinateurs portables, ses Notebooks, et plus récemment pour ses tablettes.

8. Gateway – taux de dysfonctionnement de 23,5 %. Racheté par Acer, en 2007.

9. Hewlett-Packard – taux de dysfonctionnement de 25,6 %. Inventeur de la calculatrice de poche, et utilisé majoritairement dans les entreprises pour les serveurs et les imprimantes.

"Ce sont généralement les types qui disent 'laissez-moi rire' qui ne se marrent jamais." [Pierre Perret]

Le bon sens des Lyonnais

La Plaisante Sagesse lyonnaise est un recueil de 1920, écrit par Justin Godart, sous le pseudonyme de Catherin Bugnard. Ce petit livre, réédité en 1968, est en grande partie une compilation de maximes non signées.

"Tout le monde peuvent pas être de Lyon, il en faut ben d'un peu partout."

"Tâche moyen de ne pas lâcher de bêtises, parce que t'auras beau courir après, t'auras de peine à les rattraper."

"Le tout c'est pas d'y faire, c'est d'y penser ; mais le difficile, c'est pas d'y penser, c'est d'y faire."

"Vaut mieux prendre chaud en mangeant que froid en travaillant."

"Il n'y a point si tant belle rose que ne devienne gratte-cul."

"Si tu veux avoir de l'argent devant toi, faut la mettre de côté."

"On fait toujours plaisir aux gens en leur rendant visite : si ce n'est pas en arrivant, c'est en partant."

"Le bon sens a beau courir les rues, personne lui court après."

**"Y a pas à barguigner,
faut vieillir ou mourir jeune."**

"Verre vide je te plains, verre plein je te vide."

**"Si t'as idée d'arriver centenaire, crains Dieu,
bien sûr, mais crains surtout les courants d'air."**

"Pour tant qu'à parler, tout le monde y sait faire ;
mais pour tant qu'à besogner, faudrait voir."

"Vaut mieux avoir compris qu'avoir appris."

"C'est au moment de payer les pots
qu'on sent qu'on a plus soif."

**"Mieux vaut mettre son nez dans un verre
de Beaujolais que dans les affaires des autres."**

"Pour que le vin fasse du bien aux femmes,
il faut que ce soyent les hommes qui le boivent."

"Tu vas pas apprendre à ta mère à faire des enfants !"

"Le temps passe, toi aussi.
Et demain sera pas long à devenir hier."

**"Pour ce qu'est de la chose de l'amour,
n'y sois pas regardant, parce que, vois-tu,
que t'en uses ou que t'en uses pas, ça s'use."**

"Faut pas faire la besogne pour qu'elle soye faite.
Faut la faire pour la faire."

**"On a beau dire que c'est difficile de mourir,
manquablement tout un chacun finit bien
par s'en tirer."**

LA CULTURE PAS CHIANTE

La minute de silence est un signe d'hommage d'origine française, pratiquée pour la première fois le 11 novembre 1919, pour commémorer le premier anniversaire de l'armistice de 1918 et rendre hommage aux victimes de la Première Guerre mondiale. Cette formule commune a permis le remplacement de la prière, d'où sa compatibilité avec toutes les religions. En Angleterre, et généralement dans les pays anglo-saxons, ce moment de méditation et de recueillement dure deux minutes, une pour les morts et une pour les survivants.

TIREZ LA CHASSE

Un livre ferme les portes des écoles

Nicholas Nickleby est le troisième grand roman de Charles Dickens, publié en feuilleton, de 1838 à 1839.
Commencé de concert avec *Oliver Twist*, le livre a connu un succès immédiat, succès en partie dû aux descriptions d'une école. Pour son roman, Dickens en visita une sous une fausse identité. Le directeur y est décrit comme un homme particulièrement cruel. Sa femme et lui se chargent de l'enseignement, mais ils n'apprennent rien à leurs élèves, qu'ils maltraitent et affament, si bien que l'institution ressemble à une cour des miracles pitoyable.
Dix ans après la parution du livre, presque toutes les écoles du comté qui maltraitaient leurs élèves avaient fermé leurs portes.

"C'est parce que la fortune vient en dormant que celle-ci arrive si lentement." [Alphonse Allais]

LE PETIT COIN DES LISTES

Les cascades les plus hautes

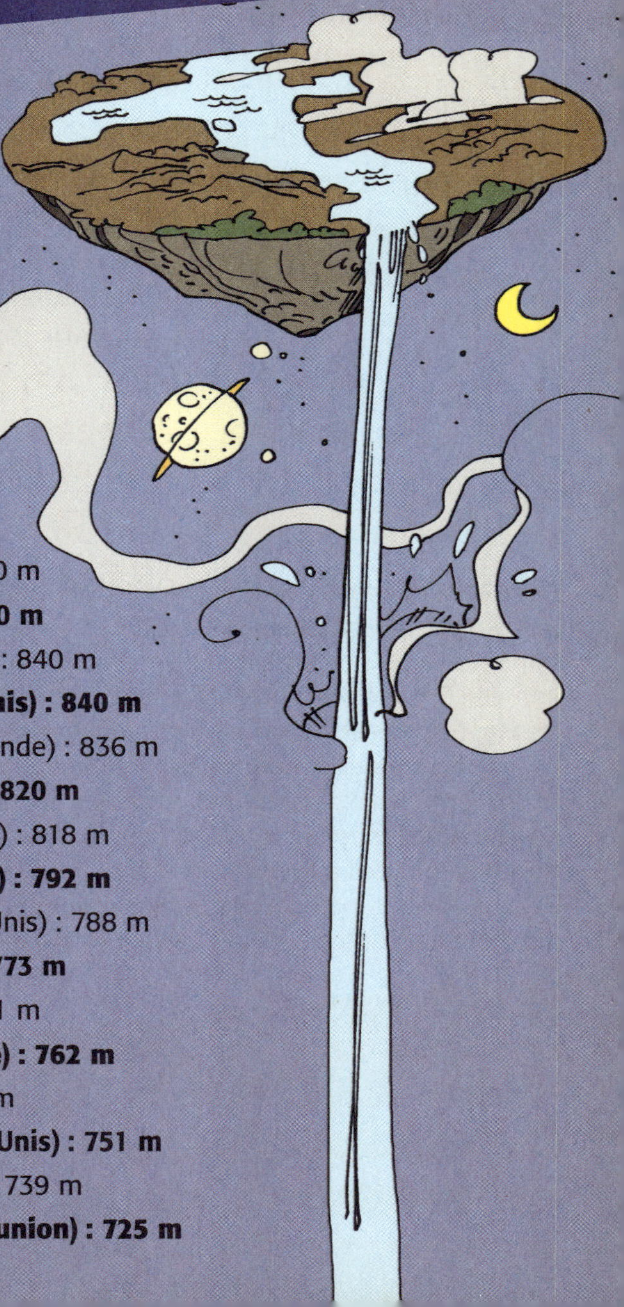

Salto Angel (Venezuela) : 979 m

Tugela Falls (Afrique du Sud) : 948 m

Cataratas las Tres Hermanas (Pérou) : 914 m

Olo'upena Falls (États-Unis) : 900 m

Catarata Yumbilla (Pérou) : 896 m

Vinnufossen (Norvège) : 860 m

Balåifossen (Norvège) : 850 m

James Bruce Falls (Canada) : 840 m

Pu'uka'oku Falls (États-Unis) : 840 m

Browne Falls (Nouvelle-Zélande) : 836 m

Strupenfossen (Norvège) : 820 m

Ramnefjellsfossen (Norvège) : 818 m

Waihilau Falls (États-Unis) : 792 m

Colonial Creek Falls (États-Unis) : 788 m

Mongefossen (Norvège) : 773 m

Catarata Gocta (Pérou) : 771 m

Mutarazi Falls (Zimbabwe) : 762 m

Kjelfossen (Norvège) : 755 m

Johannesburg Falls (États-Unis) : 751 m

Yosemite Falls (États-Unis) : 739 m

Trou de Fer (France, la Réunion) : 725 m

LE PETIT COIN DES LISTES

Le Poudlard des Moldus

L'université d'Oxford est la plus ancienne université britannique. La date de sa fondation n'est pas connue. Mais les traces les plus anciennes d'une activité d'enseignement à Oxford datent de 1116 environ. Elle commence vraiment à se développer, en 1167, lorsque Henri II interdit aux étudiants anglais de suivre les cours de l'Université de Paris, les obligeant ainsi à s'établir à Oxford.

Elle est, avec Cambridge, l'université la plus prestigieuse du Royaume-Uni. Elle accueille 18 000 étudiants, possède de beaux bâtiments anciens, surtout de style gothique, l'une des plus riches bibliothèques du monde, un musée comprenant un département des antiquités. On peut y voir des dessins de Raphaël, Michel-Ange et Léonard de Vinci, des tableaux de Piero di Cosimo, John Constable, Claude Lorrain et Pablo Picasso, et des habits arabes portés par Lawrence d'Arabie…

PISSE TROIS GOUTTES

Le cerveau est insensible à la douleur puisqu'il ne possède pas de terminaisons nerveuses.

Sa renommée est mondiale et des célébrités y firent leurs études :

Les écrivains : Lewis Carroll, Oscar Wilde, J. R. R. Tolkien, Graham Greene, T. S. Eliot, etc.

Les économistes : Adam Smith, Alfred Marshall, etc.

Les philosophes : John Locke, Thomas Hobbes, etc.

Certains savants notables comme Robert Hooke, Stephen Hawking, Richard Dawkins, Robert Boyle, Albert Einstein, etc.

Les acteurs : Hugh Grant, Kate Beckinsale, Dudley Moore, Michael Palin, Anna Popplewell, l'actrice Emma Watson, Terry Jones, Florian Henckel von Donnersmarck, et **les réalisateurs** Ken Loach et Richard Curtis.

Des sportifs comme Imran Khan.

Des hommes politiques du monde entier, dont Bill Clinton.

"Barre, c'est mon compagnon de chambre : il dort à côté de moi à l'Assemblée." [André Santini]

PISSE TROIS GOUTTES

Les accros des tatous

Surfant sur les tendances, les célébrités sont nombreuses à se faire tatouer. Ceux qui ne s'arrêtent plus :

David Beckham : le chiffre VII, un templier, un ange, le prénom de ses quatre enfants, sa femme Victoria, une croix gothique, le prénom de sa femme en sanskrit…

Justin Bieber : 12 en tout, une chouette et le symbole X, la carpe koï, des chiffres romains, le portrait d'un chef indien, une couronne, un oiseau, la figure de Jésus, etc.

Rihanna : 20 tatouages, une clé de sol, une écriture en sanskrit, une pluie d'étoiles, une tête de mort…

Lady Gaga : 13 tatouages sur la partie gauche seulement de son corps, une clé de sol avec des roses, des marguerites, une citation de Rainer Maria Rilke, etc.

M. Pokora : 21 tatouages, parmi lesquels un proverbe arabe, des branches de cerisier, un ange, le trou d'un impact d'arme à feu, le chiffre 7…

LA QUESTION DE DAME PIPI

Jusqu'en 1991, une loi américaine interdisait aux citoyens d'avoir des contacts avec des extra-terrestres, sous peine d'amendes (Chapitre 14, section 1211, du code pénal américain). Il s'agissait d'une loi préventive, le gouvernement craignant une contamination bactériologique inconnue.

"L'État ne participe jamais aux catastrophes, mais il participe toujours aux bénéfices." [Michel Audiard]

LE PETIT COIN DES LISTES

Ça veut dire enfant

rejeton

petiot

bambin

marmot, marmaille

gosse, gamin

môme

mouflet

flot (québécois)

moutard

p'tit (québécois)

chiard

loupiot

jong ou tiot (picard)

kid (américain)

drôle (occitan)

ket (belge, bruxellois)

fiston

ti-cul (québécois)

gone (lyon)

croet (dauphinois)

timanmay ou tianmay (créole martiniquais)

minot (occitan de Marseille)

timoun (créole guadeloupéen)

pitchoun (sud de la France)

gone (franco-provençal)

Ils ont de la repartie

Rencontre entre Charlie Chaplin et Albert Einstein :
– Ce que j'admire le plus dans votre art (dit Albert Einstein à Chaplin), c'est son universalité. Vous ne dites pas un mot, et pourtant le monde entier vous comprend.
– C'est vrai, réplique Chaplin. Mais votre gloire est plus grande encore : le monde entier vous admire, alors que personne ne vous comprend.

Lors d'une visite du palais de Blenheim (maison ancestrale de la famille Churchill), Nancy Astor, l'icône féministe, se retrouva à discuter des droits des femmes avec Winston Churchill, qui n'était pas réputé pour son affection pour le sujet.
Au sommet de leur désaccord, Lady Astor s'écria :
"Winston, si j'étais votre épouse, je mettrais du poison dans votre verre !"
Réponse du tac au tac de Churchill :
"Eh bien moi, Nancy, si j'étais votre mari, je le boirais !"

Après la paix avec la Grande-Bretagne, alors que le corsaire Robert Surcouf participait à un dîner en présence de ses anciens ennemis britanniques, l'un d'eux lui dit :
"Enfin, Monsieur, avouez que vous, Français, vous battiez pour l'argent, tandis que nous, Anglais, nous battions pour l'honneur..."
Surcouf lui répondit d'un ton calme :
"Certes, Monsieur, mais chacun se bat pour acquérir ce qu'il n'a pas."

Oliver Hardy, comique, à son compagnon Stan Laurel :
"Mais tu as complètement vidé le verre ! Nous étions supposés le partager moitié-moitié."
Laurel : "Je ne pouvais pas faire autrement, ma part était au fond."

En 1946, Winston Churchill s'était rendu à Fulton, dans le Missouri, pour prononcer un discours à l'occasion de l'inauguration d'un buste en son honneur. Après son discours, une femme plutôt séduisante l'approcha :
"Monsieur Churchill, j'ai parcouru plus d'une centaine de miles, ce matin, pour le dévoilement de votre buste."
"Madame, lui répondit-il avec enthousiasme, à cet égard, je retournerais volontiers la faveur !"

Lors de la première d'une pièce de théâtre, un spectateur en retard souffle à l'oreille de Tristan Bernard :
"Ah ! J'ai manqué le premier acte !"
Et Tristan Bernard lui répond, flegmatique :
"Rassurez-vous, l'auteur aussi !"

Shuuttt !!!!

Notre environnement quotidien est souvent très bruyant sans que l'on s'en rende toujours compte. Bien que certains bruits nous soient familiers, il est très difficile d'évaluer leur niveau sonore et la façon dont ils interfèrent dans notre vie.

Divers exemples sur l'échelle du bruit pour une fréquence de 1 000 Hz :

♦ 0 dB : seuil d'audibilité
♦ De 0 à 10 dB : désert
♦ De 10 à 20 dB : cabine de prise de son
♦ De 20 à 30 dB : conversation à voix basse, chuchotement
♦ De 30 à 40 dB : forêt
♦ De 40 à 50 dB : bibliothèque, lave-vaisselle
♦ De 50 à 60 dB : lave-linge
♦ De 60 à 70 dB : sèche-linge, sonnerie de téléphone, téléviseur, conversation courante
♦ De 70 à 80 dB : aspirateur, restaurant bruyant, passage d'un train à 80 km/h

LE PETIT COIN DES JEUX

1. Combien de temps faut-il à 100 grenouilles pour attraper 100 mouches, si 5 grenouilles attrapent 5 mouches en 5 minutes ?

2. Un libraire achète un livre 50 euros et le vend 80 euros. Puis il le rachète 110 euros à son client et le revend 140 euros à un autre client.
Quel est son bénéfice ?

Réponses :
1. 100 grenouilles auront besoin de 5 min, puisqu'une grenouille attrape 1 mouche en 5 min.
2. Il a fait 30 euros sur chaque transaction, donc 60 euros en tout.

♦ De 80 à 90 dB : tondeuse à gazon, klaxon de voiture

♦ De 90 à 100 dB : route à circulation dense, tronçonneuse, TGV à 300 km/h à 25 mètres

♦ De 100 à 110 dB : marteau-piqueur à moins de 5 mètres dans une rue, discothèque

♦ De 110 à 120 dB : tonnerre, atelier de chaudronnerie, vuvuzela à 2 mètres, concert amplifié

♦ De 120 à 130 dB : sirène d'un véhicule de pompier, avion au décollage (à 300 m)

♦ 130 dB : seuil de la douleur

♦ De 140 à 150 dB : course de Formule 1, avion au décollage

♦ 170 dB : fusil d'assaut

♦ 180 dB : décollage de la fusée Ariane, lancement d'une roquette

♦ 194 dB : son le plus bruyant possible dans l'air à la pression atmosphérique du niveau de la mer. Toute onde au-delà de cette frontière ne s'appelle plus onde sonore mais onde de choc.

"Le monde est irréel, sauf quand il est chiant." [Frédéric Beigbeder]

LES CONSEILS DE DAME PIPI

Comment brûler des calories sans faire de sport ?

Penser, réfléchir (1 heure) : 64 calories
Dormir (1 heure) : 60 calories
Passer l'aspirateur (1/4 heure) : 50 calories
Marcher (1/2 heure) : 60 calories
Escaliers (1/4 heure) : 150 calories
Bricoler (1/2 heure) : 100 calories
Faire les courses : 400 calories
Jardiner : 400 calories
Faire l'amour (1/2 heure) : 300 calories
Faire une partie de pétanque pendant 45 min : 90 Kcal
Regarder un DVD pendant 1 h 30 : 95 Kcal
Embrasser fougueusement pendant 10 min : 25 Kcal
Se déchaîner en discothèque pendant 2 heures : 500 Kcal
Se laver les dents après le déjeuner pendant 5 min : 12 Kcal
Passer la serpillière pendant 30 min : 130 Kcal
Repasser pendant 1 h : 130 Kcal

PISSE TROIS GOUTTES

Les premiers ballons de rugby étaient fabriqués avec des vessies de porc.

"En vérité, la civilisation n'a apporté qu'une seule religion, celle de l'argent." [Alphonse Allais]

Enclaves temporaires

Certains pays sont dits enclavés quand ils sont totalement entourés par un autre pays. Comme le Vatican, enclavé en Italie. Actuellement, 44 pays dans le monde peuvent être qualifiés ainsi.

Mais il existe aussi des enclaves temporaires. Un morceau d'un territoire peut alors être cédé à un autre pays de façon temporaire, ce qui donne lieu à une fiction juridique.

♦ **La suite 212 de l'hôtel Claridge's**, à Londres, fut cédée par le Royaume-Uni à la Yougoslavie, le 17 juin 1945, pour permettre à Alexandre de Serbie, dont les parents étaient en exil, de naître sur le territoire yougoslave.

♦ **Zeist**, une ancienne base de la United States Air Force aux Pays-Bas fut, en 2000, déclarée temporairement territoire britannique afin que puisse s'y tenir le procès de l'Attentat de Lockerbie.

♦ En 1943, **la chambre de la maternité de l'hôpital d'Ottawa**, au Canada, fut déclarée temporairement comme extra-territoriale, afin que la naissance de la Princesse Margriet, fille de Juliana, puisse se faire en territoire international. Ainsi, l'enfant pouvait obtenir la nationalité néerlandaise. La famille royale avait en effet fui, en 1940, les Pays-Bas, occupés par l'Allemagne nazie.

♦ De 1914 à 1918, **la commune de Sainte-Adresse**, près du Havre, fut cédée à bail à la Belgique pour la durée des hostilités, permettant au gouvernement belge de rester sur le territoire du royaume, alors que celui-ci était presque entièrement occupé par les troupes allemandes, et donc de ne pas être ainsi considéré comme un gouvernement en exil.

Le gouvernement belge s'installa dans l'immeuble Dufayel et la famille royale dans un hôtel, aujourd'hui disparu, du "Nice havrais", quartier de la commune.

Racines et tubercules comestibles

Betterave

Capucine tubéreuse (Andes)

Carotte

Céleri-rave

Cerfeuil tubéreux

Chervis (Asie occidentale et centrale, Europe de l'Est)

Chou-rave

Conopode dénudé

Crosne du Japon

Daikon (radis chinois)

Galanga (épices)

Gingembre

Ginseng

Hélianthi (ou salsifis d'Amérique)

Hoffe (ou pomme-en-l'air à la Réunion, masako en Guyane et aux Antilles)

Igname

Maca (hautes Andes péruviennes)

Maceron (ou gros persil de Macédoine)

Manioc (Amérique du Sud, Afrique)

Navet blanc ou à collet violet

Oca du Pérou

Panais

Patate douce blanche ou rouge

Poire de terre (Amérique du Sud)

Pomme de terre

Radis rose ou blanc

Radis noir

Raifort

Rutabaga

Salsifis

Scorsonère

Taro

Topinambour

Ulluco (Amérique du Sud)

LA QUESTION DE DAME PIPI

L'onomatopée affective bébé n'existe que depuis 1736, en France. Elle nous viendrait du roi Stanislas de Pologne, qui nomma ainsi un nain élevé à la cour. Bébé fut extrêmement jaloux quand il dut partager l'intérêt du roi avec Joujou, un autre nain.

PISSE TROIS GOUTTES

Les 47 États membres du Conseil de l'Europe forment une zone sans peine de mort. Depuis 1985, l'abolition de la peine de mort est une condition préalable à l'adhésion au Conseil de l'Europe.

LE PETIT COIN DES JEUX

1. En 1803, quel pays vend la Louisiane aux États-Unis ?

a) L'Espagne
b) L'Angleterre
c) La France

2. De 1861 à 1865, quelle guerre américaine ralentit la conquête de l'Ouest ?

a) La guerre anglo-américaine
b) La guerre d'indépendance
c) La guerre de Sécession

3. Qui fut le premier Président de l'Union ?

a) Washington
b) Adams
c) Jefferson

4. Par quel traité l'Angleterre reconnaît l'indépendance des États-Unis, le 3 septembre 1783 ?

a. Londres
b. Versailles
c. Fort Apache

Réponses : 1c - 2c - 3a - 4b

"Monseigneur Decourtray n'a rien compris au préservatif, il le met à l'index." [André Santini]

PISSONS DE RIRE

David va voir son banquier.

– Marc, j'ai besoin d'un crédit.

– D'accord, David, combien te faut-il ?

– 1 dollar.

– Mais, David, il n'y a pas besoin de crédit ! Entre nous, je te connais bien, je te fais un découvert d'un dollar quand tu veux, sur n'importe lequel de tes comptes !

– J'ai besoin d'un crédit d'un dollar, et si tu ne me le fais pas, je ferme tous mes comptes et je ferme ceux de Jeanne et de tous mes fils aussi !

– Bon, bon, du calme, je te fais un crédit d'un dollar, à titre exceptionnel, parce que c'est toi, va. Un crédit… pour combien de temps, David ?

– Un mois.

– Mais tu veux ma mort, ma parole ! Un crédit pendant un mois, je ne peux pas faire ça.

– J'ai besoin d'un crédit d'un dollar pendant un mois, et si tu ne me le fais pas, je ferme tous mes comptes et je ferme ceux de Jeanne et de tous mes fils aussi !

– Ok, d'accord, un dollar, un mois, c'est bien parce que c'est toi.

– Tu me fais quel taux, Marc ?

– Tout compris, ça va te faire dans les 3 % par mois, je ne peux pas faire mieux, ça va ?

– Oui, oui. Je dois te laisser une garantie, je suppose ?

– Pour ce montant ? Tu rêves ? Non, non, signe là et c'est bon.

– Je te laisse la BMW en dépôt de garantie, voici les clefs, elle est garée en bas.

– Mais non, je te dis, ce n'est pas la peine.

– Je te laisse la BMW en dépôt de garantie, et si tu ne l'acceptes pas, je ferme tous mes comptes et je ferme ceux de Jeanne et de tous mes fils aussi ! Non, mais !

– Oh, là, t'es franchement intraitable, David. Laisse la BMW si tu veux, va. T'es terrible !

David rentre chez lui, et il annonce fièrement à Jeanne :

– Chérie, fais les valises ! On part un mois au soleil, j'ai trouvé un parking pour la voiture, à 1 dollar le mois.

Les péninsules

Une péninsule est une partie de terres émergées rattachée à une masse continentale par une zone moins large. Elle se distingue d'une presqu'île par ses dimensions plus importantes, à l'échelle du continent auquel elle appartient. Une péninsule peut être également une bande de terres entourées d'eau de trois côtés, par exemple la Bretagne. On parle aussi de la péninsule Ibérique pour désigner l'ensemble constitué par l'Espagne et le Portugal, rattachés à l'Europe au niveau des Pyrénées.

- **Péninsule acadienne (située au Canada)**
- La Gaspésie (péninsule canadienne)
- **Corne de l'Afrique**
- Arabie
- **Péninsule des Balkans**
- Péninsule de Basse-Californie
- **Bretagne**
- Corée
- **Floride**
- Péninsule indienne
- **Indochine**
- Istrie (péninsule de l'Adriatique)
- **Italie**
- Cap Bon (Méditerranée, Tunisie)
- **Péninsule du Labrador**
- Péninsule Malaise
- **Michigan – composé de deux péninsules (supérieure et inférieure)**
- Péloponnèse
- **Péninsule Scandinave**
- Péninsule tchouktche (nord-est de la Russie et du continent asiatique)
- **Péninsule du Yucatán (sud-est du Mexique)**
- Anatolie (en Turquie)

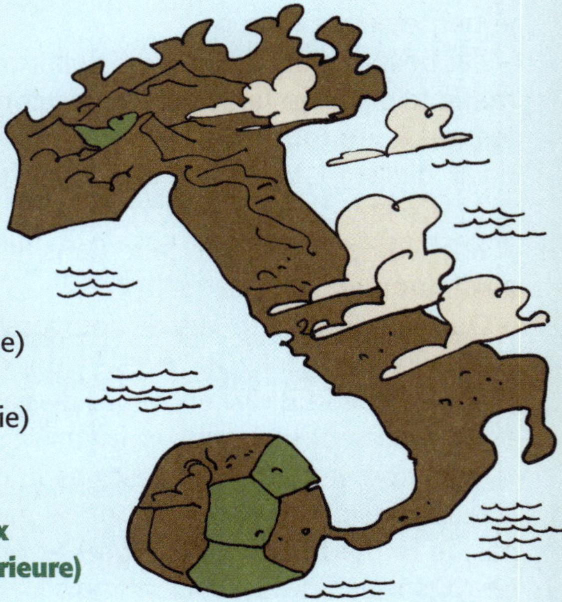

PISSONS DE RIRE

Les réponses les plus drôles du baccalauréat 2012

Les perles de cette session 2012, toutes matières confondues, proviennent de *l'Express* et du site sujetdebac.fr qui, dans un souci d'exactitude, ont laissé les citations telles qu'elles ont été notées, fautes d'orthographe incluses.

"L'industrialisation a eu des répercussions majeures sur les paysans agricoles."

"En 1943, année de prononciation du discours, cela fait un an qu'Hitler est arrivé au pouvoir en 1933."

"Entre 1918 et 1939 la population se situé essentiellement à l'intérieure des terres (plus les côtés)."

"En effet, dès l'arrivée au pouvoir du Front national en 1936, la France entreprend une démocratie sociale, à l'image des États-Unies, ce qui aboutit aux biens de consommation."

"L'intérêt des hormones est de stimuler la femme, j'espère que ce devoir ne finira pas entre de mauvaises mains, conservons l'humanité."

"Pour remédier à la stérilité d'une femme, il faut lui enlever les ovaires."

"En somalie, à cause de l'eau non potable, il faudrait mettre des stérilets aux femmes pour ne plus qu'elles meurent en couche."

"Le CO_2 dégage des produits radioactifs."

"Le CO_2 fait un trou dans la couche d'ozone et laisse alors passer les rayons X."

"On voit bien que la plupart des riches sont très riches, et la plupart des pauvres très pauvres. Cela permet une répartition idéale des richesses."

"Attention, il faut bien noter que les classiques et les néoclassiques ne voient pas le monde de la même façon. Ce n'est d'ailleurs pas par hasard si le héro de Matrix porte le prénom Néo."

"De nombreuses crises nucléaires ont déjà frappé les humains par le passé, par exemple lorsque les dinosaures ont disparu de la Terre."

"La poésie satirique correspond à de la poésie qui parle de Satan. C'est un sujet très intéressant, mais pas toujours facile à traité."

"Suite à la chute du mur de Berlin, la circulation des vents a pu être rétablie dans toute l'Europe. Avec l'arrivée des courants chauds, on assiste alors à la fin de la guerre froide."

"L'ONU est une institution qui permet au pays riche de contrôler les pays pauvres tout en douceur. Cela évite des guerres et des morts, ce qui est plutôt positif."

"Les États-Unis ont beau être les maîtres du monde, ils sont moins nombreux que les Chinois, et la quantité, ça compte."

"Après les chocs industriels et pétroliers, nous assistons à un nouveau type de choc : les chocs chinois."

"Francois Hollande a été élu pour remplacer Monsieur Nicolas de la République sur le trône de l'Élysée Française."

"Les anti-corps sont des petits organismes vivant à l'intérieur de nous, et servant à combattre les corps."

"Voltaire disait 'l'art de la citation est l'art de ceux qui ne savent pas réfléchir par eux-mêmes'. Par conséquent, je n'utiliserai aucune citation."

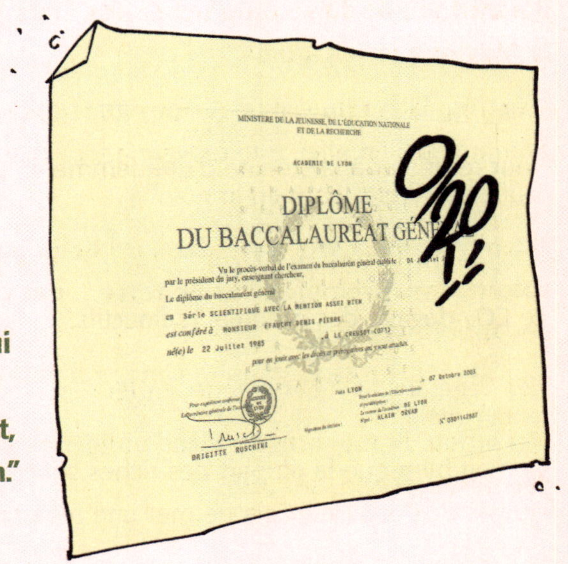

"Si l'on considère que les molécules sont des êtres vivants, le chaud n'est alors rien d'autre que du froid en colère."

"N'ayant pas compris cette question, mais afin de vous montrer que je connais mon cours, je me permets de répondre à une question de mon choix."

"La décolonisation ne fut cependant pas totale. Actuellement, la France possède toujours des colonies : La Réunion, Guadeloupe, Martinique, etc."

"Charles Beau-d'Euler a, lui aussi, écrit des poèmes très importants à la même période."

"En conclusion, on pourra informer le lecteur que cette dissertation comporte plus de 3 copies-doubles, conséquences d'un travail acharné qui ne saurait être utile sans une clémence certaine du correcteur."

"Le test de l'eau potable est un test destructif. C'est-à-dire que pour savoir si une eau est potable, il faut la boire et regarder si on ne meurt pas. Si on meurt, c'est dommage, parce qu'on ne pourra pas faire d'autre test."

"Les pays pauvres se sont quasiment tous rassemblés en Afrique. Il aurait plutôt dû se rapprocher des États-Unis, comme l'ont fait le Mexique et le Canada."

"L'accumulation du capital n'a pas grand intérêt pour la croissance économique. En effet, une capitale par pays suffit largement, et nous coûte déjà assez cher en impôts."

"Être français, c'est vivre dans un beau pays sans guerre, sans volcan, sans tremblement de terre… par contre il y a souvent des manifestations."

"Les végétaux fixent l'oxygène sur leur feuille grâce aux globules verts."

"Au Japon, le manque de place oblige les autorités à construire des aéroports sous-marins."

LE PETIT COIN DES JEUX

J'ai huit lettres.

Je commence par un "c" et je finis par un "s".

Tous les garçons français en ont deux.

Qui suis-je ?

Réponse : les ç (cédilles)

Vrai ou Faux ?

1. Le frisbee possède son championnat du monde.

☐ Vrai ☐ Faux

2. Le dodo, oiseau de l'île Maurice aujourd'hui disparu, pouvait voler très haut.

☐ Vrai ☐ Faux

3. Icare est le fils de Dédale, architecte du Labyrinthe.

☐ Vrai ☐ Faux

Réponses : 1 vrai - 2 faux - 3 vrai

"Le cerveau est un organe merveilleux qui se met en marche au moment où vous vous réveillez et s'arrête au moment précis où vous arrivez au bureau." [Robert Frost]

C'est faux !!!!

Légendes urbaines concernant les animaux :

Les chats pourraient voir dans le noir.
S'il est vrai que le chat a une meilleure vue que l'homme dans l'obscurité, il ne peut pas voir dans le noir total.

Les chauves-souris se jettent dans la chevelure des humains.
Elles n'ont aucune raison de le faire et se guident très bien par ultra-sons.

Toucher un crapaud provoquerait une apparition de verrues sur la peau.

La couleur rouge rendrait les taureaux agressifs.
Ils ne voient pas la couleur mais le mouvement de la cape. Le rouge aurait été choisi pour que les traces de sang passent inaperçues.

Les éléphants auraient peur des souris, car celles-ci rentreraient par leur trompe pour leur dévorer le cerveau.

Il existerait un endroit où tous les éléphants se rendent pour mourir : le cimetière des éléphants.
Les éléphants âgés perdent leurs dents, ils doivent rechercher des plantes moins coriaces que leur menu habituel. Les éléphants mourants se retrouvent donc en général dans les mêmes zones, puisque la végétation leur est adaptée, d'où l'impression d'un regroupement en cimetière.

LES CONSEILS DE DAME PIPI

Faire baisser le mauvais cholestérol

Pour faire baisser le mauvais cholestérol, il est évident qu'un régime s'impose. Il faut avant tout respecter sa prescription médicale. Toutefois, la consommation d'ail cru, de germes de blé et de flocons d'avoine aide à faire descendre le taux de cholestérol. Ainsi que les noix, les amandes, les noisettes, la cannelle et le soja. Consommez aussi trois pommes par jour.

Donner des grains de riz aux oiseaux pourrait les tuer car ceux-ci se dilateraient à l'intérieur de leur corps, le faisant exploser.

Toucher un oisillon l'imbiberait de l'odeur humaine et empêcherait sa mère de le reconnaître, donc de le nourrir.
La plupart des oiseaux ont un sens olfactif peu développé. Il est souvent déconseillé de toucher un oiseau, mort ou vivant, pour des raisons sanitaires.

Les lemmings se suicideraient volontairement en vue de lutter contre leur surpopulation.
Les disparitions massives ne sont dues qu'à des problèmes écologiques classiques.

Les poissons rouges n'auraient que cinq secondes de mémoire.
Des études ont prouvé le contraire. Un poisson rouge dans un bocal sera donc en proie aux maladies et au stress permanent.

Les moustiques sont attirés par la lumière, il faut donc éviter de laisser la lumière allumée l'été, lorsque les fenêtres sont ouvertes.
Les moustiques sont attirés par d'autres facteurs, comme le CO_2 émis par la respiration, mais pas par la lumière ; d'ailleurs leur vue est très peu performante.

"On faisait chambre commune et rêves à part." [Michel Audiard]

LE PETIT COIN DES LISTES

Les 10 films les plus rentables du cinéma français, en 2012

1. *Les Kaïra,* de Franck Gastambide
Coût : 4 millions d'euros
Nombre d'entrées : 1 016 184
Taux de rendement : 209 %.

2. *Adieu Berthe ou l'Enterrement de mémé,*
de Bruno Podalydès
Coût : 3,4 millions d'euros
Nombre d'entrées : 702 626
Taux de rendement : 162 %.

3. *Le Prénom,*
de Matthieu Delaporte et Alexandre de La Patellière
Coût : 11 millions d'euros
Nombre d'entrées : 3 339 455
Taux de rendement : 156 %

4. *Kirikou et les hommes et les femmes,*
de Michel Ocelot
Coût : 7 millions d'euros
Nombre d'entrées : 1 079 947
Taux de rendement : 128 %

5. *Et si on vivait tous ensemble ?*
de Stéphane Robelin
Coût : 3,73 millions d'euros
Nombre d'entrées : 519 504
Taux de rendement : 116 %

6. *Camille redouble,*
de Noémie Lvovsky
Coût : 7 millions d'euros
Nombre d'entrées : 871 645
Taux de rendement : 109 %

7. *Le Fils de l'autre,*
de Lorraine Lévy
Coût : 2,67 millions d'euros
Nombre d'entrées : 251 239
Taux de rendement : 103 %

8. *Les Infidèles,* film collectif
Coût : 12,01 millions d'euros
Nombre d'entrées : 2 301 045
Taux de rendement : 100 %

9. *Du vent dans mes mollets,*
de Carine Tardieu
Coût : 5,23 millions d'euros
Nombre d'entrées : 614 928
Taux de rendement : 98 %

10. *Mince alors !*
de Charlotte de Turckheim
Coût : 7,51 millions d'euros
Nombre d'entrées : 1 446 357
Taux de rendement : 97 %

TIREZ LA CHASSE

La chasse aux oiseaux

La campagne contre les "quatre nuisibles" est une campagne d'hygiène à grande échelle, instaurée, de 1958 à 1962, par Mao Zedong. Le but de cette opération était l'extermination des moustiques, des mouches, des rats et des moineaux. Ces derniers étaient considérés comme nuisibles parce qu'ils mangent les graines de céréales, privant la population majoritairement rurale du fruit de leur travail. Les masses populaires chinoises ont donc été mobilisées pour les éradiquer. Les nids étaient démolis, les œufs étaient cassés, et les oisillons tués… Les citoyens devaient empêcher les oiseaux de se poser en faisant du bruit, les obligeant ainsi à voler jusqu'à ce qu'ils meurent d'épuisement. En avril 1960, les dirigeants chinois se rendirent compte que les moineaux ne mangeaient pas seulement les céréales, mais également une grande quantité d'insectes. Plutôt que d'être augmentés, les rendements de riz après la campagne diminuèrent. Mao ordonna alors la fin de la campagne contre les moineaux. Mais il était trop tard : en l'absence de moineaux, les populations de criquets augmentèrent tant qu'il en résulta une amplification des problèmes écologiques déjà causés par le programme politique du Grand Bond en avant. Un tel déséquilibre écologique est mis en avant par certains pour expliquer la Grande Famine chinoise, durant laquelle plus de 30 millions de personnes seraient mortes de faim.

"Je me suis toujours demandé si les gauchers passaient l'arme à droite." [Alphonse Allais]

LE PETIT COIN DES LISTES

Ne pas manger

Le guide WWF recense les espèces menacées par la surpêche et recommande d'éviter à tout prix d'en consommer.

- Anguille : Europe
- **Baudroie : nord-ouest du Pacifique, Norvège, Espagne et Portugal**
- Cabillaud, morue sauvage : mer du Nord, Écosse, Canada
- **Cigale de mer sauvage : océan Indien**
- Congre : sauvage, nord-est de l'Atlantique, Atlantique central et oriental
- **Coquille Saint-Jacques, sauvage : nord-est de l'Atlantique**
- Crevettes sauvage : régions tropicales
- **Dorade rose sauvage : nord-est de l'Atlantique**
- Dorade royale sauvage : Méditerranée
- **Églefin sauvage : mer d'Irlande**
- Espadon sauvage : océan Indien, sud du Pacifique, sud et est de l'Atlantique, Méditerranée
- **Langouste sauvage : ouest de l'Atlantique (Brésil)**
- Langoustine sauvage : nord-est de l'Atlantique
- **Limande-sole sauvage : mer du Nord**
- Loup de mer sauvage : nord-est de l'Atlantique, mer du Nord
- **Mérou sauvage : monde entier**

PISSONS DE RIRE

Jacques Chirac, Dominique de Villepin et Nicolas Sarkozy arrivent au paradis. Ils sont reçus par Dieu lui-même, qui leur demande à tour de rôle : "En quoi crois-tu ?" Chirac fait une profession de foi écologiste, et Dieu le fait asseoir à sa gauche. Villepin dit qu'il croit en la bonté de l'homme, et Dieu le fait asseoir à sa droite. Puis Dieu s'adresse à Sarkozy et lui demande : "Et toi, Nicolas, en quoi crois-tu ?" Et Sarkozy répond : "Je crois que vous êtes assis à ma place !"

• Merlu (colin) sauvage : côte Espagne, Portugal/ Méditerranée, sud-ouest de l'Atlantique, sud-ouest du Pacifique

• **Oursin sauvage : monde entier**

• Poulpe sauvage : Espagne/Portugal, Méditerranée, Maroc, Mauritanie, Sénégal, Pacifique

• **Rouget barbet sauvage : Atlantique central et oriental, Méditerranée, mer du Nord, Manche**

• Seiche sauvage : nord-est de l'Atlantique, Atlantique central et oriental, Méditerranée

• **Thon rouge sauvage : monde entier**

• Thon rouge d'élevage : Méditerranée

• **Thon blanc (germon) sauvage : Atlantique, Méditerranée, océan Indien**

• Turbot sauvage : mer du Nord

PISSE TROIS GOUTTES

Le saviez-vous ?

Un prototype de la vodka a été mis au point, au 11e siècle, par un médecin perse, nommé Ar-Razi, qui fut le premier à extraire l'éthanol par la fermentation. Mais le Coran interdisant la consommation d'alcool, le liquide fut exclusivement utilisé en médecine. En Europe, la première distillation du liquide saccharifère a été faite par le moine et alchimiste italien Valentius.

La vodka fut ensuite importée par les marchands génois, en Russie, à partir de 1386. La première vodka russe ne naîtra que 44 ans plus tard.

1913, c'était il y a 100 ans !

♦ **17 janvier :** Raymond Poincaré, élu président de la République, succède à Armand Fallières.

♦ **Le 18 janvier :** la Grèce bat la Turquie à Lemnos. Il s'agit de la dernière bataille de la Première Guerre des Balkans.

♦ **Février :** le révolutionnaire russe Joseph Staline est arrêté et exilé à Touroukhansk, en Sibérie, par le gouvernement tsariste.

♦ **3 mars :** les signaux émis sur la tour Eiffel sont captés au bord du lac Tchad, à 4 500 km de distance.

♦ **3 et 13 avril :** incidents franco-allemands en Lorraine.

♦ **29 mai :** *le Sacre du printemps*, du compositeur russe Igor Stravinski, avec une chorégraphie de Vaslav Nijinski, dansé par les Ballets russes de Serge de Diaghilev, choque le public, lors de la première à Paris, dans l'impression qu'il donne de chaos et de rupture avec les critères conventionnels de la danse.

♦ **30 mai :** traité de Londres mettant fin à la Première Guerre balkanique.

♦ **Juin :** Les femmes obtiennent le droit de vote pour toutes les élections en Norvège.

♦ **19 juin :** promulgation, en Afrique du Sud, des premières lois d'apartheid, ségrégation à l'égard des Noirs, auxquels on attribue 8 % des terres cultivables, alors qu'ils forment plus de 67 % de la population. Plus d'un million d'entre eux sont expulsés des terres qu'ils cultivaient. Il leur est interdit de posséder et d'acheter des terres hors des réserves.

♦ **29 juin :** Seconde Guerre des Balkans.

♦ Lors de la Première Guerre balkanique, en 1912, la Bulgarie, la Grèce, le Monténégro et la Serbie se sont alliés et ont vaincu l'occupant turc. Mais la Bulgarie repousse l'arbitrage russe et attaque ses anciens alliés : c'est la seconde guerre balkanique.

♦ **1er juillet :** Seconde Guerre balkanique. À la suite de l'entrée des troupes bulgares en Macédoine, la Grèce et la Serbie déclarent la guerre à la Bulgarie.

♦**10 juillet :** la Roumanie se range aux côtés de la Serbie et de la Grèce.

♦**Juillet :** loi de juillet 1913, en Allemagne : l'état-major allemand obtient que l'armée active soit portée de 621 000 à 761 000, puis à 820 000 hommes.

♦**Juillet :** l'Allemagne, l'Italie et l'Autriche-Hongrie concluent une convention navale prévoyant une concentration des moyens, afin de couper les communications entre la France et l'Algérie.

♦**Juillet :** le gouvernement allemand freine l'Autriche-Hongrie lorsqu'elle envisage d'intervenir aux côtés de la Bulgarie contre la Serbie.

♦**13 août :** invention de l'acier inoxydable, en Angleterre, par Harry Brearley.

♦**23 septembre :** Roland Garros, aviateur français, effectue la première traversée de la Méditerranée en avion.

♦**26 octobre :** Guillaume II d'Allemagne annonce à Berchtold que la guerre entre l'"Est et l'Ouest sera inévitable à la longue". Quelques jours après, il déclare au roi Albert Ier de Belgique que la guerre contre la France est inévitable.

♦**10 octobre :** ouverture du canal de Panama.

♦**30 novembre :** première apparition de Charlie Chaplin, dans son premier film, *Making a Living*, de Mack Sennett.

♦**Novembre :** Marcel Proust commence le cycle romanesque *À la recherche du temps perdu*, dont la publication s'échelonne jusqu'en 1927. Le premier tome s'intitule *Du côté de chez Swann*.

♦**Hiver 1913-1914 :** crise économique en Allemagne due à la cherté de l'argent.

♦**Décembre :** crise germano-russe (fin en janvier 1914).

♦**21 décembre :** publication des premiers mots croisés dans un magazine américain, le *New York World*.

♦Famine au Tchad et en Éthiopie (1913-1914).

PISSONS DE RIRE

L'actrice Mary Anderson demande à Alfred Hitchcock quel est, à son avis, le meilleur profil pour la mettre en valeur lors de prises de vues.
Il lui répond alors : "Ma chère, vous êtes assise dessus."

PISSE TROIS GOUTTES

Au 12e siècle, le pape Innocent III autorise le mariage des sourds et muets, qui peuvent donner leur consentement par signes.

"Si Saint Louis rendait la justice sous un chêne, Arpaillange la rend comme un gland." [André Santini]

LES CONSEILS DE DAME PIPI

Les plantes se défendent

Les cyanures peuvent être produits par des bactéries, des moisissures contenues dans des plantes, lesquelles s'en servent comme défense contre les herbivores. À très petites doses, notre tube digestif est capable de transformer le cyanure des plantes en composés inoffensifs. En revanche, l'ingestion de 50 amandes amères, par exemple, peut causer la mort d'un être humain.

On trouve du cyanure dans :

Les racines de manioc

Les graines de lin

Les noyaux de cerise

Les noyaux d'abricot

Les pépins de pomme

Les amandes amères

Les noyaux de nèfle

Les feuilles de cerisier

Les feuilles de laurier-cerise

Le sorgho encore vert

Le sureau hièble

Les feuilles de pêcher

Le haricot de Java

Célébrités bouddhistes

Le bouddhisme, vieux de vingt-cinq siècles, compte plus de 300 millions d'adeptes dans le monde, ce qui le place comme quatrième religion du monde. Le vecteur principal repose plus sur le travail sur soi que sur la croyance en un être divin. Les grandes lignes de la pratique bouddhiste sont les "huit pas vers l'éveil".
Bien avant les philosophes, Schopenhauer, Nietzsche ou encore le peintre Matisse étaient intéressés par cette spiritualité.

Les personnalités bouddhistes, pratiquantes ou pas :

Steve Jobs
Richard Gere
Sharon Stone
Angelina Jolie
Charlotte Rampling
Orlando Bloom
Tina Turner
Uma Thurman
Courtney Love
Steven Segall
Tiger Woods
Liane Foly
Paul McCartney
Yannick Noah

PISSE TROIS GOUTTES

Le saviez-vous ?

De la fin du 18e siècle à nos jours, la surface de la forêt française est passée de 8 millions d'hectares à 15,5 millions. Deux raisons principales expliquent ce phénomène : un moindre besoin de bois en tant que matière première ainsi qu'un net recul des surfaces cultivées.

Aujourd'hui, la forêt française a retrouvé une surface équivalente à celle du Moyen Âge. Elle représente plus du quart de la surface du pays.

LE PETIT COIN DES JEUX

Vrai ou Faux ?

1. La Crète se trouve à la même latitude que la Corse.

☐ Vrai ☐ Faux

2. Le temple du Parthénon sur l'Acropole est dédié à Zeus.

☐ Vrai ☐ Faux

3. Dans *l'Odyssée*, Ulysse doit revenir au royaume d'Ithaque.

☐ Vrai ☐ Faux

4. La feta est un fromage de chèvre.

☐ Vrai ☐ Faux

5. La dernière lettre de l'alphabet grec est omicron.

☐ Vrai ☐ Faux

Réponses : 1 faux (légèrement plus au sud que Tunis), 2 faux (Athéna), 3 vrai, 4 faux (de brebis), 5 faux (oméga)

"On peut appeler ça des femmes, mais ce sont plutôt des caractères." [Michel Audiard]

LE PETIT COIN DES LISTES

Les pléonasmes

Un pléonasme est une répétition de termes ou d'expressions ayant le même sens. Cette répétition peut être volontaire, pour renforcer ou préciser une idée, mais elle n'est nullement nécessaire au sens grammatical de la phrase. Dans le langage courant, cette figure est souvent involontaire.

À partir de dorénavant

Accumuler : accumuler les choses les unes sur les autres

Achever : achever complètement

Actuellement en cours

Ajouter : ajouter en plus, de plus

Allumer : allumer la lumière

Altitude : à haute altitude

Apparence : l'apparence extérieure

Applaudir des deux mains

Au grand maximum

Avenir : avoir un bel avenir devant soi, un projet d'avenir

Avérer (s') : s'avérer vrai

Avertir : avertir à l'avance, d'avance

But : le but final, ultime

Calligraphie : une belle calligraphie

Campus : un campus universitaire

Commencer : commencer d'abord

Confronter : confronter mutuellement

Consteller : constellé d'étoiles

Construire : construire une maison neuve

Cotiser (se) : se cotiser à plusieurs

De nouveau : redemander de nouveau, répéter de nouveau.

Descendre : descendre en bas

Devenir : devenir par la suite

Différer : différer à une date ultérieure

Don : un don gratuit

Emmener : emmener avec soi

Entraider (s') : s'entraider mutuellement

Entrer : entrer dedans

Esclaffer (s') : s'esclaffer de rire

Étape : une étape intermédiaire

Exporter : exporter à l'étranger

Fagoté : être mal fagoté

Fétu : un fétu de paille

Geler : geler de froid

Hardes : de vieilles hardes

Hasard : un hasard imprévu

Illusion : des illusions trompeuses

Importer : importer de l'étranger

Joindre : joindre ensemble

Jour : au jour d'aujourd'hui

Maisonnette : une petite maisonnette

Marcher : marcher à pied

Maximum : au grand maximum, au maximum de son apogée

Mirage : un mirage trompeur

Monopole : le monopole exclusif

Monter : monter en haut

Nager : nager dans l'eau

Neiger : il neige dehors

Nimber : nimbé d'une auréole

Opposer : opposer son veto

Orteils : les orteils des pieds

Paire : une paire de jumelles

Perruque : porter une fausse perruque

Personnellement : moi, personnellement, je…

Piétiner : piétiner sur place

Pouvoir : nous pourrions peut-être

Premier : le premier en tête

Prédire : prédire à l'avance

Préparer : préparer à l'avance

Prétexte : un faux prétexte

Preuve : une preuve probante

Prévenir : prévenir d'avance

Puis : puis ensuite

Reculer : reculer en arrière

Résumé : un bref résumé, un résumé succinct

Réserver : réserver d'avance

Réunir (se) : se réunir ensemble

Solidaires : solidaires les uns des autres

Suivre : suivre derrière

Surprendre : surprendre à l'improviste

Tâcher : tâcher de faire en sorte de

Unir : unir ensemble

TIREZ LA CHASSE

Le radium a connu un fort engouement après sa découverte, au début du 20e siècle, par Marie Curie, en particulier après la mise en évidence de ses vertus thérapeutiques dans la lutte contre le cancer. Toutes sortes de produits contenant des infimes quantités de radium firent leur apparition sur le marché : cigarettes, soda atomique, poudres de riz, dentifrices, des sels de bain, des gaines radioactives, des sels à dissoudre dans de l'eau à boire tous les matins, des eaux gazeuses, des fontaines à eau radioactive. Le radium est utilisé un peu partout avant d'être interdit, en 1937, pour les utilisations non médicales. Grâce au prix très élevé du radium, ces produits n'en contenaient pas suffisamment pour devenir toxiques.

LE PETIT COIN DES JEUX

1. Lequel de ces titres n'a pas été porté par Napoléon III ?

a) Président de la République
b) Empereur
c) Chancelier

2. En quelle année Napoléon III devient-il empereur des Français ?

a) 1826
b) 1870
c) 1852

3. Comment Napoléon III était-il surnommé par Victor Hugo, qui le détestait ?

a) Napoléon le Simplet
b) Napoléon le Faux
c) Napoléon le Petit

Réponses : 1c - 2c - 3c

"Il n'y a pas de femmes moches, il n'y a que des verres de vodka trop petits." [Frédéric Beigbeder]

LES CONSEILS DE DAME PIPI

Sus au rhume des foins

Crises d'éternuements, nez qui coule, démangeaisons nasales, le rhume des foins peut se développer chez des personnes qui n'ont pas un terrain favorable aux allergies.

Quelques conseils :

• Aérer le matin : l'air est alors moins chargé de pollens.

• La nuit, fermez les fenêtres et coupez le chauffage.

• Lavez-vous les cheveux le soir ou rincez-les pendant vos périodes de crise, pour vous débarrasser du pollen qui s'y accroche. L'oreiller sera ainsi préservé.

• Évitez les tapis, les tentures… et lavez votre linge de lit une fois par semaine.

• Attention aux chats et aux chiens, qui véhiculent les pollens facilement.

• Évitez les aérosols, qui sont irritants et inefficaces, pour leur préférer les purificateurs d'air munis de filtres EPA.

• Les pollens se fixent sur ce qui est humide, faites sécher votre linge à l'intérieur.

• Baladez-vous de préférence juste après les averses.

• Portez des lunettes de soleil au printemps durant les floraisons.

• En voiture, roulez fenêtres fermées.

• Pour les vacances, privilégiez l'altitude de la montagne et l'air iodé de la mer.

• Dopez-vous aux vitamines C, B5 et aux oméga-3, qui soulagent les irritations.

• Les tisanes d'ortie calmeront les éternuements, celles de camomille les inflammations nasales.

LES POTINS DE DAME PIPI

Les mamies plongeuses

Depuis l'an 760, une tradition de pêche en apnée est pratiquée au Japon, par des villageoises nommées ama. Les Japonais pensent que seules les femmes peuvent être ama, du fait de leur anatomie : le corps d'une femme serait en effet plus approprié à la plongée en eau froide, la graisse étant supposément mieux répartie que dans un organisme masculin. Elles n'hésitent pas à plonger plusieurs fois par jour, jusqu'à 30 mètres de profondeur. Jusqu'au milieu du 20e siècle, ces exceptionnelles apnéistes étaient encore 10 000 à récolter des perles, des coquillages ou des crustacés. Aujourd'hui, les jeunes filles gagnant plus facilement leur vie sur le littoral, elle ne sont plus que 2 000, âgées de 60 à 80 ans.

LES POTINS DE DAME PIPI

Coïncidences étranges

Les acteurs principaux de la série *Ma sorcière bien-aimée* (Elizabeth Montgomery, David White, Dick York, Dick Sargent) ont tous trouvé la mort entre 1990 et 1995.

“Je ne pense jamais au futur. Il vient bien assez tôt.” [Albert Einstein]

Le sport, ça rapporte gros

Les sportifs français les mieux payés en 2012 :

Karim Benzema, football
13 millions d'euros

Tony Parker, basket
12,4 millions d'euros

Franck Ribéry, football
11,5 millions d'euros

Nicolas Anelka, football
11 millions d'euros

Joakim Noah, basket
10,6 millions d'euros

Samir Nasri, football
10,5 millions d'euros

Thierry Henry, football
9,4 millions d'euros

Sébastien Loeb, rallye automobile
8,5 millions d'euros

Yoann Gourcuff, football
6,7 millions d'euros

Patrice Evra, football
6,4 millions d'euros

LES POTINS DE DAME PIPI

Les superstitions des métiers

Pour que le vin ne tourne pas en vinaigre, **un vigneron** ne faisait jamais descendre à la cave une femme réglée. Cette superstition du Moyen Âge a bien sûr disparu avec l'apparition des vigneronnes.

Il ne faut jamais offrir une patte de lapin à **un pêcheur** ou à **un marin**. En effet, le lapin ronge l'étoupe, qui empêche les infiltrations d'eau. "La bête aux grandes oreilles", comme le nomment les marins, pour ne pas prononcer son nom, annonce donc des catastrophes.

Dans **un atelier de couture**, si un vêtement tombe par terre, on considère que c'est un bon signe. Cela signifie que le vêtement plaira. Mais faire tomber une boîte d'épingles risque d'attirer la malchance.

Au théâtre, on ne prononçait jamais le mot "corde". Selon les lieux et les époques, il était soit considéré comme fatal, soit porteur de mauvaises nouvelles. Dans ce dernier cas, il fallait conjurer le mauvais sort : celui qui avait prononcé ce mot devait payer une tournée à ceux qui l'avaient entendu. L'origine de cette superstition viendrait des premiers machinistes, qui étaient d'anciens marins. Sur un bateau, de nombreuses cordes servent

TIREZ LA CHASSE

Le saviez-vous ?

La France est le pays qui affiche le plus fort taux de redoublement à l'école en Europe. Cela coûte chaque année plus de 2 milliards d'euros. Pour autant, de nombreuses enquêtes montrent que les élèves redoublants sont démotivés, peu productifs, et qu'ils ressentent un fort sentiment d'injustice.

aux manœuvres et chacune d'elles porte un nom différent (filin, ganse, etc.), et l'on désigne par "corde" celle qui sert à tirer la cloche avec laquelle on salue les morts.

En équitation, le nombre de pions (tresses) dans la crinière doit toujours être impair. Il ne faut jamais porter un vêtement neuf pendant un concours. Les brins de paille dans la queue sont de mauvais augure : chaque brin oublié prédit une chute.

Au 19e siècle, on croyait que les abeilles reconnaissaient **leur apiculteur**. À sa mort, il fallait déposer un morceau de tissu noir sur les ruches, afin que les abeilles ne meurent pas à leur tour. La ruche portait ainsi le deuil.

Avant de pétrir sa pâte, **un boulanger** devait faire le signe de la croix de la main droite et placer la main gauche dans le pétrin. Et surtout, il ne devait pas oublier de fermer la porte de sa boulangerie, car si un chat venait à y entrer, il empêcherait la pâte de monter.

"C'est l'amour explosif qui fait sauter les boutons de braguette." [Pierre Dac]

LES CONFIDENCES DE DAME PIPI

Une loi préventive

Les Trois Lois de la robotique, formulées par l'écrivain de science-fiction Isaac Asimov, sont des règles auxquelles tous les robots positroniques (ayant une conscience) doivent obéir. Ces lois sont fréquemment citées dans d'autres livres ou dans des films de science-fiction.

1. Un robot ne peut porter atteinte à un être humain ni, en restant passif, permettre qu'un être humain soit exposé au danger.
2. Un robot doit obéir aux ordres que lui donne un être humain, sauf si de tels ordres entrent en conflit avec la Première Loi.
3. Un robot doit protéger son existence tant que cette protection n'entre pas en conflit avec la Première ou la Deuxième Loi.

LE PETIT COIN DES JEUX

1. Qui est le recordman de victoires à Roland-Garros chez les messieurs ?

a) Roger Federer
b) Rafael Nadal
c) Björn Borg

2. Quelle joueuse a été la plus jeune vainqueur à Roland-Garros ?

a) Martina Hingis
b) Monica Seles
c) Jennifer Capriati

3. Lequel de ces tennismen n'était pas gaucher ?

a) John McEnroe
b) Henri Leconte
c) Pete Sampras

Réponses : 1b - 2b - 3c

"À l'inverse des hommes, l'océan se retire pour que la mer garde ses poissons." [Pierre Dac]

LE PETIT COIN DES LISTES

L'art des états d'âme

Le romantisme est un courant artistique apparu au 18e siècle, en Angleterre et en Allemagne, puis au début du 19e siècle en France, en Italie et en Espagne. Ce mouvement s'oppose au classicisme, il privilégie le sentiment à la raison et explore des thèmes comme le rêve, le fantastique, le mystère ou encore la mort.

En France, le romantisme fut introduit par Chateaubriand, puis rendu vivant par des auteurs tels que Victor Hugo, Gérard de Nerval ou encore George Sand. Il fut transposé à la peinture par Delacroix et Géricault et à la musique par Berlioz et Beethoven.

Artistes français : Arlincourt – Balzac – Bernardin de Saint-Pierre – Aloysius Bertrand – Pétrus Borel – Chateaubriand – Chénier – Constant – Delacroix – Alphonse Esquiros – Xavier Forneret – Gautier – Géricault – Victor Hugo – Lacenaire – Lamartine – Charles Lassailly – Lautréamont – Mérimée – Michelet – Musset – Nerval – Nodier – Philothée O'Neddy – Alphonse Rabbe – Arthur Rimbaud – Rousseau – Senancour – George Sand – Germaine de Staël –
Stendhal – Vigny

LA QUESTION DE DAME PIPI

Avez-vous entendu chanter les dunes ?

Marco Polo mentionne dans ses écrits ce phénomène, inquiétant pour certains, merveilleux pour d'autres : "Les sables qui chantent parfois remplissent l'air avec les sons de toutes sortes d'instruments de musique, et aussi le bruit des tambours et du choc des armes."

Ces bruits ont été récemment étudiés, et en partie expliqués. Il s'agit du bruit que font les millions de grains de sable lorsqu'ils se chevauchent lors d'une avalanche naturelle ou déclenchée lorsque l'on marche sur une dune. Selon des chercheurs du CNRS, la coulée de sable fonctionne comme une membrane de haut-parleur. Les grains de sable se déplaceraient de façon parfaitement synchrone, "vibreraient" tous de la même manière sur le même rythme. Si les grains ne bougeaient pas en cadence, les dunes sonneraient faux ou seraient muettes. Reste à découvrir l'origine d'une telle synchronisation.

Pour les Bédouins, le bruit trahit la présence des djinns, esprits qui rôdent dans le désert, phénomène raconté dans la nouvelle *la Peur*, de Guy de Maupassant.

Ces dunes chantantes seraient une cinquantaine de par le monde à posséder ce singulier talent, que ce soit en Afrique, au Kalahari, en Chine, dans le désert de Gobi ou en Amérique, dans la vallée de la Mort californienne.

On peut les entendre à 10 kilomètres à la ronde.

LES CONFIDENCES DE DAME PIPI

Depuis 2007, Bill Gates a donné environ 28 milliards de dollars et sauvé près de 6 millions de personnes.

LE PETIT COIN DES LISTES

Le Japon en chiffres

377 973 km^2 de superficie, soit 6/10 du territoire français.
3 000 km du nord au sud.
71 % du territoire occupé par des montagnes.
6 852 îles.
108 volcans, dont 77 en activité.
3 000 secousses sismiques par an environ.
10e pays le plus peuplé du monde, avec 337 habitants au km^2.
33 millions d'habitants, pour l'agglomération de Tokyo, la plus peuplée du monde.
1re place mondiale pour l'automobile, l'électronique.
2e place pour la construction navale.
4e plus gros exportateur.
6e plus gros importateur.
2e pays avec la dette extérieure la plus importante.

"Quand les filles ont les yeux cernés, c'est que la place est prise." [Coluche]

LE PETIT COIN DES LISTES

L'or bleu

3 800 km^3 d'eau douce sont consommés par an dans le monde

70 % sont utilisés pour l'agriculture.

20 % pour l'industrie.

10 % restant concernent l'utilisation domestique.

1,6 milliard d'hommes vivent dans les pays en pénurie d'eau.

1 personne sur 10 n'a pas accès à l'eau.

1 personne sur 4 boit une eau dangereuse pour la santé.

1 personne sur 3 n'a pas d'installations sanitaires de base.

47 % de la population mondiale vivra dans des zones en pénurie d'eau d'ici à 2030.

2 millions de tonnes d'eaux usées (égouts, déchets industriels et agricoles) sont déchargées dans les cours d'eau naturels chaque année.

1,1 million de logements en France rejettent leurs effluents dans la nature sans aucun traitement.

100 µg/l de résidus médicamenteux se retrouvent dans les effluents et les eaux résiduaires en France (quand l'homme consomme un médicament, il le rejette dans les eaux usées, par le biais de ses déjections).

600 litres d'eau par jour pour un Américain.

LE PETIT COIN DES JEUX

Le chien est plus vieux que le chat, le chat est plus jeune que le perroquet, qui est lui-même plus vieux que le chien, mais le canari est plus jeune que le chat, et le hamster est plus vieux que le canari.

Lequel est le plus vieux ?

Réponse : le perroquet

137 litres d'eau par jour pour un Français.

10 litres par jour pour un habitant d'Afrique sub-saharienne.

5 litres d'eau par jour en France pour la cuisine.

De 60 à 80 litres pour une douche.

150 litres pour un bain.

10 litres pour la chasse d'eau par utilisation.

10 litres pour une vaisselle à la main.

40 litres pour un lave-vaisselle.

De 60 à 100 litres pour un lave-linge.

200 litres pour laver la voiture.

120 litres par jour pour un robinet qui goutte.

"La lune est pleine et on ne sait pas qui l'a mise dans cet état." [Alphonse Allais]

LE PETIT COIN DES LISTES

Roland-Garros en chiffres

- **1 500 000 euros :** gain des vainqueurs homme et femme du simple. C'est le tournoi du Grand Chelem qui rapporte le plus. Voir les dotations des grands tournois.
- **21 100 euros :** dotation offerte, en 2013, à un perdant du 1er tour du simple messieurs.
- **154 millions d'euros :** chiffre d'affaires.
- **212 :** nombre de joueurs et joueuses prenant part à l'ensemble des tableaux finals des simples dames et messieurs de Roland-Garros, en 2013.
- **250 :** nombre de ramasseurs de balles.
- **320 :** nombre d'arbitres qui officient en 2013.
- **60 :** nombre de raquettes confiées par Rafael Nadal (vainqueur 2012) aux cordeurs, pendant le tournoi.
- **60 000 :** nombre de balles utilisées pendant toute la durée du tournoi.
- **30 :** en litres, la quantité de pommade et d'huile de massage utilisée par les kinés.
- **330 000 :** le nombre de produits dérivés achetés par les spectateurs dans les boutiques du stade.
- **48 000 :** litres d'eau consommés pendant la durée du tournoi.
- **100 000 :** nombre de sandwichs mangés.
- **1 tonne :** quantité de bananes consommées par les joueurs.
- **1,5 tonne :** volume de pâtes fraîches ingurgitées par les joueurs.

"Si vous avez besoin de quelque chose, appelez-moi. Je vous dirai comment vous en passer." [Coluche]

C'est encore loin ?

Les distances entre Paris et les plus grandes villes de l'Europe, l'Asie, l'Amérique et l'Océanie !

Paris et Honolulu (États-Unis) : 19 984 km
Paris et Wellington (Nouvelle-Zélande) : 19 017 km
Paris et Melbourne (Australie) : 16 775 km
Paris et Darwin (Australie) : 13 889 km
Paris et Singapour : 10 758 km
Paris et Manille (Philippines) : 10 758 km
Paris et Santiago (Chili) : 11 694 km
Paris et Buenos Aires (Argentine) : 11 097 km
Paris et Tokyo (Japon) : 9 726 km
Paris et Hong Kong (Chine) : 9 613 km
Paris et Shanghai (Chine) : 9 274 km
Paris et Mexico (Mexique) : 9 210 km
Paris et Rio de Janeiro (Brésil) : 9 194 km
Paris et Los Angeles (États-Unis) : 9 032 km
Paris et Pékin (Chine) : 8 226 km
Paris et Calcutta (Inde) : 7 887 km
Paris et Bombay (Inde) : 7 032 km
Paris et New York (États-Unis) : 5 839 km
Paris et Québec (Canada) : 5 226 km
Paris et Moscou (Russie) : 2 484 km
Paris et Istanbul (Turquie) : 2 258 km
Paris et Reykjavik (Islande) : 2 225 km
Paris et Oslo (Norvège) : 1 338 km
Paris et Rome (Italie) : 1 096 km
Paris et Berlin (Allemagne) : 871 km
Paris et Londres (Royaume-Uni) : 338 km

Chuck Norris, ce héros !

Carlos Ray Norris, alias Chuck Norris, est un acteur américain, né le 10 mars 1940, à Ryan (Oklahoma). Spécialiste en arts martiaux, il s'est essentiellement consacré au cinéma d'action. Chuck Norris est devenu malgré lui un mème sur Internet. De courts aphorismes humoristiques, les "Chuck Norris Facts", lui attribuent des qualités surhumaines, pour caricaturer les héros forts et virils qu'il a joués au cinéma.

Chuck Norris a déjà compté jusqu'à l'infini. Deux fois.

Chuck Norris et Superman ont fait un bras de fer, le perdant devait mettre son slip par-dessus son pantalon.

Chuck Norris ne porte pas de montre. Il décide de l'heure qu'il est.

La seule chose qui arrive à la cheville de Chuck Norris… c'est sa chaussette.

Quand Google ne trouve pas quelque chose, il demande à Chuck Norris.

Chuck Norris fait pleurer les oignons.

Les Suisses ne sont pas neutres, ils attendent de savoir de quel côté Chuck Norris se situe.

Chuck Norris a un jour avalé un paquet entier de somnifères. Il a cligné des yeux.

Chuck Norris a déjà été sur Mars, c'est pour cela qu'il n'y a pas de signes de vie là-bas.

Chuck Norris sait parler le braille.

Chuck Norris peut diviser par zéro.

Chuck Norris peut encercler ses ennemis. Tout seul.

Chuck Norris comprend Jean-Claude Van Damme.

Chuck Norris est la raison pour laquelle Charlie se cache.

Il n'y a pas de théorie de l'évolution. Juste une liste d'espèces que Chuck Norris autorise à survivre.

Chuck Norris connaît la dernière décimale de Pi.

Chuck Norris mesure son pouls sur l'échelle de Richter.

Un jour, au restaurant, Chuck Norris a commandé un steak. Et le steak a obéi.

Pour certains hommes, le testicule gauche est plus large que le testicule droit, chez Chuck Norris, chaque testicule est plus large que l'autre.

TIREZ LA CHASSE

Les nouvelles peurs

Selon les experts, ces derniers temps, toutes sortes de phobies sont apparues dans le monde.

La nomophobia : la peur d'être sans contact avec un téléphone. On peut y associer la crainte de ne pas être joignable, de ne pas avoir de réseau ou de perdre son téléphone. D'après les experts, cette phobie pourra toucher 53 % des utilisateurs.

Ringxiety : c'est un phénomène psychoacoustique. Il correspond à la sensation d'entendre ou de sentir votre téléphone alors que celui-ci n'a ni sonné ni vibré.

Frigensophobia : la peur que l'utilisation d'un téléphone n'endommage votre cerveau.

Perdetophobia : la peur de ne pas pouvoir sauvegarder un document à cause d'un bug.

L'argot des poilus

Durant la Grande Guerre, de 1914 à 1918, les Poilus ont inventé une langue originale : l'argot des tranchées, riche de près de 2 000 mots et expressions.
Certains ont traversé les décennies pour se faire une place dans nos dictionnaires, d'autres appartiennent définitivement à l'Histoire. Celle de la Grande Guerre…

Abeille : balle, éclats d'obus.

Aiguille à tricoter : baïonnette.

Bagoter ou bagotter : marcher "tu parles d'un filon de bagoter dans cette mouscaille" (ce n'est pas un plaisir de marcher dans cette boue).

Boîte à dominos : cercueil. Les dominos sont les os.

Bousculer le pot de fleurs : exagérer une blague.

Faire tousser le brutal : tirer un coup de canon.

Tirer une carotte : raconter une histoire pour éluder le service, pour obtenir quelque chose.

Se taper la cerise : faire bombance.

Cibiche : cigarette.

Becqueter des clarinettes : jeûner.

Je vais prendre le dur : je vais prendre le train.

Eau pour les yeux : eau-de-vie et tout alcool en général.

Étouffer une boîte à singe : avaler.

On a rien dans le fanal : on a rien dans l'estomac.

J'ai les flubes : j'ai peur.

Le faire à la graisse de chevaux de bois ou à la graisse d'oie ou à la graisse de hérisson : monter un coup à quelqu'un, l'embobiner par des boniments.

Qui est-ce qui m'a groupé mon quart ? Voler.

Machine à coudre ou moulin à café : mitrailleuse.

Ménesse : femme.

Mignard : enfant.

Mon gnasse ou mézigue : moi.

Se faire de la mousse, se faire de la bile, du mauvais sang.

Museau de cochon : masque à gaz.

Nougat : fusil.

Se pagnoter : se coucher.

J'ai les panards en malines : j'ai les pieds fatigués.

Pantinois, patruchard : parisien.

Encore un qui s'est fait paumer : encore un qui s'est fait tuer ou blesser.

Zut, nous sommes poissés : pris en faute, attrapés.

Il m'a reboulé : envoyé promener.

C'est rigolboche : c'est rigolo.

Ronfler la pipe : se fâcher, être de mauvaise humeur.

Faire du rouski : faire du tapage.

Cavale tézigue vers mézigue : amène-toi.

"Ce n'est pas en tournant le dos aux choses qu'on leur fait face." [Pierre Dac]

LA CULTURE PAS CHIANTE

Vive le roi, vive la reine !

En 2013, l'Europe compte dix monarchies héréditaires :

- ♦ Royaume de Belgique
- ♦ Royaume de Danemark
- ♦ Royaume d'Espagne
- ♦ Grand-Duché de Luxembourg
- ♦ Principauté de Liechtenstein
- ♦ Principauté de Monaco
- ♦ Royaume de Norvège
- ♦ Royaume des Pays-Bas
- ♦ Royaume de Suède
- ♦ Royaume-Uni de Grande-Bretagne et d'Irlande du Nord

Et deux non héréditaires :

- ♦ État de la Cité du Vatican (Saint-Siège)
- ♦ Coprincipauté d'Andorre